しゃちほこのある学校

～義方校150年の学校文化史～

はじめに

日本に「学校」という制度ができてから、およそ一五〇年が経ちました。江戸時代が終わり明治維新となって、国を強くしていくためのさまざまなシステムが築かれていく中で、教育の近代化が図られ、それを浸透させるための機関として学校が各地に創られました。

学校は子どもたちの学びの場ですが、同時に地域社会のコミュニティセンターとしての役割も担ってきました。また、創立が古くて長い歴史をもつ学校においては、その地域の文化を伝える歴史遺産的な役割も果たしています。学制頒布間もない頃に創立した学校は一五〇年の歴史を有していますが、そのように長きにわたって存続している機関や組織は、地域の中では寺院や神社を除くとそう多くはありません。そして、校長室や資料室には、明治時代からの文書や写真が数多く保存されている学校も多くあり、歴史的資料の宝庫として学校をとらえる観点も重要なことであると考えます。

米子においても、明治の初めにいくつかの学校が創立しました。そのうちの一つが義方校です。筆者は、二〇一八（平成三〇）年四月から三年間、義方校の校長を務めました。義方校については、着任するまで〈歴史のある学校〉という程度の認識しか持ち得なかったのですが、校長室や資料室に保存してある多くの資料に目を通すと、その一五〇年の歴史がとても波乱に満ちたものであり、それ故に地域から愛され親しまれている学校であることもわかってきました。

波乱に満ちた歴史の中でも特筆すべき出来事は、三度にわたる校舎移転です。本文で詳しく書きましたが、戦時中に戦争に協力するため校舎を明け渡さざるを得なかったことや、戦後の占領下で新校舎建設に向けて地域挙げての運動を起こしたことなどは、義方校の歴史を語る上で非常に重要な事実でありながら、地域でも一定の年代以上しか記憶に留めないようなことになっていました。

そこで、そのような学校の歴史や、その歴史の中で育まれた学校文化について、当時一緒に勤務していた先生方に伝えたいと思い、義方校勤務最終年であり、自身の教員生活最終年でもあった二〇二〇（令和二）年度に「校長室だより」という形にして発信しました。その際に、最も活用した史料は「学校沿革誌」でした。

学校沿革誌は学校の歴史をまとめた記録で、どの学校にも永久保存されているものです。義方校の沿革誌には、明治時代からの詳細な記録が綴られており、時代による学校文化の移り変わりが、その時々の校長先生方の筆によって語り継がれています。記事の書きぶりは、歴代校長先生によって大いに異なっていますが、昭和一〇年代から二〇年代にかけての、終戦を挟んだ動乱期においては、義方校史上最大の問題であった校舎移転と新校舎建設の経緯が、嘉賀校長、大西校長、湊口校長という大先輩によって事細かに記録されています。そこからは、出来事の記録にとどまらず、動乱の中で子どもたちにより良い教育環境を整えていこうと奮闘された当時の先生方のご苦労も読み取ることができました。

それらの記録をもとにして「校長室だより」を発行していったのですが、学校の歴史を掘り下げる中で、それまで何の疑問も持たずにいた校章や校歌などの成り立ちや、修学旅行や運動会などの学校行事の始まりなど、いわゆる学校文化の歴史についても学校沿革誌や周年誌から読み解き、職場のみなさんに伝えていこうという意欲に駆られました。そして、時機に合った学校文化史に関する話題を、「校長室だより」の記事にして提供していきました。

しかし、それは校長としての本務の傍らの作業であるとともに、その年（令和二年）は新型コロナウイルス感染症による全国一斉休校なども行われた時期で、感染対策、コロナ対応に忙殺される中で参考資料を確認するなどの作業に時間をかけることもできず、後で読み返すと正確性に欠ける記事も多々ありました。

そこで、退職後に改めて記事を構成し直し、関連する書籍や資料を参考にして、学校沿革誌に記録されている記事の裏付けをとりながらまとめたのが、本書『しゃちほこのある学校～義方校一五〇年の学校文化史～』です。


本書は、一つの学校の歴史をさまざまな角度から掘り返し、筆者の想像なども交えながらまとめた読み物です。学校沿革誌の記述を追いながら、関連書籍や関連サイトを参考にして、できるだけ事実に迫る努力をしたつもりですが、想像の範囲を超えなかったり、あるいは事実と異なる部分もあったりするかもしれません。また、「一五〇年の学校文化史」と題しながら、平成年間の出来事についてはほとんど触れることができませんでした。

猛省すべきところは多々ありますが、兎にも角にもご一読いただき、たくさんのご指摘ご意見をいただければ喜びます。

本書の表記について

【義方校】

学校が誕生した時には「小学校」という呼び名ではなく、単に「学校」でした。その後も「尋常小学校」や「国民学校」などの名称変更があったこともあり、本書では地域に親しまれた「義方校」という呼び名で統一することとします。

【学校沿革誌】

「学校沿革史」とも言いますが、「沿革」は「歴史」と同意の言葉であり、それをまとめた記録という意味で、本書では「沿革誌」と表記します。

なお、本書における学校沿革誌記事については、年月日を明らかにした上で、枠線で囲って表記します。

その他の引用文については、枠線で囲まずに表記し、文末に引用元を掲載します。

【周年誌】

義方校が過去に周年事業として発刊した記念誌は六冊ありますが、年によって題名が次のように異なります。

『義方教育六十年史』（昭和九年）
『義方教育七十周年誌』（昭和一九年）
『義方教育八十周年記念史』（昭和二九年）
『義方教育九十周年記念誌』（昭和三九年）
『創立百周年記念誌　義方校』（昭和四九年）
『義方教育百十周年記念誌』（昭和五八年）

本書では、これらについて『○○年誌』と略称を統一します。

目次

第一章　義方校のたんじょう

一　寺子屋から学校へ

義方校は、米子市で最も古い小学校の一つです。周辺の町村を合併しながら広がってきた現在の米子市には、時を同じくして創立した小学校はいくつかありますが、米子城の城下町であった「旧市内」と呼ばれる地域では、義方校と明道校の二校が最も早く創立しています。二校とも、創立は明治維新から五年後の明治六（一八七三）年、全国に学制が頒布された翌年のことです。米子における学校教育はここから始まりました。

幕末の教育施設

それ以前の教育施設といえば、将来の藩政を担うエリート藩士を養成するための「藩校」、一定の教養のある人が教師の学問や人格を慕って主体的に集まった「私塾」、庶民の読み書きや手習いの場である「寺子屋」の三つが広く知られています。

因幡国と伯耆国を治めていた鳥取藩の藩校は、宝暦七（一七五七）年に五代藩主池田重寛公が設立した尚徳館で、鳥取城下に置かれました。鳥取県庁の向かい側に位置するその場所には、現在、県立図書館、県立公文書館、とりぎん文化会館が建っています。

鳥取藩における私塾については、資料によりその数が大きく異なりますが、『鳥取県教育史』によると一八校が記録されています。米子近辺では文政九（一八二六）年頃に高橋庄平が開業し、三代にわたって続いた福原村（現 米子市）の高橋塾が有名です。庄平は和漢の学に通じ、数術、書法などの学業のほかに礼儀作法なども教え、二代、三代の塾長も学者としての誉れが高く、多くの門人に慕われる私塾であったと伝えられています[1]。

寺子屋については、藩校が置かれた鳥取城下のある因幡国に比べ、米子を含む県西部の伯耆国の方が圧倒的に多く存在していました。『日本教育史資料』（文部省）によると、学制頒布当時の寺子屋の数は、東部（現在の鳥取市、八頭郡、岩美郡）が六九、中部（現在の倉吉市、東伯郡）が七三、西部（現在の米子市、境港市、西伯郡、日野郡）が一七七で、県西部に半数以上の寺子屋が集中していたことがわかります。

寺子屋は、文字通り寺院を学びの場として設けられた教育施設でしたが、江戸中期以降は寺院とは無関係に発展していったようです。米子の城下町にあたる地域では、明治の初めに一一の寺子屋が存在しました。そのうち現在の義方校区にあたる地域には六つの寺子屋がありましたが、そのすべては寺院とは関係がありませんでした。その六つの寺子屋は、現在の内町、灘町、立町、天神町、尾高町にあ

尚徳館跡の記念碑

たる場所に存在し、義方校創立時の所在地であり市内で最も寺院が集中している寺町には寺子屋がなかったようです。

学制の頒布

このような江戸時代の教育に代わるものとして、明治政府は明治五（一八七二）年に学制を頒布しました。学制とは近代的学校制度を定めた初めての法令ですが、明治政府は教育を充実することによって国民の知識を高め、国家の近代化を進めることを目指したのです。

学制はフランスの制度をもとにしており、全国を八つの大学区に分け、それを三二の中学区に分け、またそれを二一〇の小学区に分けて、それぞれに大学、中学校、小学校を置き、それらすべてを新たに設置した文部省に管理させるものでした。鳥取県は、広島や島根などと共に第四大学区に属し、本部は広島に置かれました。『鳥取県教育史』によると、当初は県内を三中学区、六三〇小学区に分ける予定だったようですが、これは全く実情を無視した数字であり、県は一校あたりの戸数や学校までの距離等を踏まえて小学校を建設していきました[2]。

学制頒布の年には、遷喬、修徳、愛日、進良、日新、循誘、行徳、泊の八校が創立しています[3]。これらはすべて県東部の学校であり、泊以外の七校は鳥取の城下町につくられています。それに対して、義方校と明道校を含め、県西部の学校はすべて翌年以降の創立です。幕政から明治の新政に変わったとはいえ、政治の中心は鳥取だったので、学校の設立についても鳥取と県西端の米子との間には一年の時差が生じたのでしょう。

二　義方校の創立

義方校と知新校の創立

義方校の創立は明治六（一八七三）年です。筆者が校長として勤務した最後の年は創立一四八年目であり、入学式も卒業式も創立から通して数えているので、退職時には第一四八回卒業生を送り出しました。

この明治六年は、征韓論に敗れた西郷隆盛らが欧米視察中の大久保利通と袂を分かち、明治政府から離れて下野した年です。後の西南戦争につながっていくことになった重要な年なのですが、義方校は西郷隆盛や大久保利通らが活躍していた時代に産声を上げたことになります。

義方校の創立については、沿革誌には次のように記されています。

> 本校ノ創設ハ明治六年四月一日ニシテ寺町瑞仙寺及ビ安国寺ノ本堂ヲ義方小学校ノ仮校舎ニ充用シ学齢男児童ヲ収容シ同町妙善寺ノ本堂ヲ知新小学校ノ仮校舎ニ充用シ学齢女児童ヲ収容ス。入学児童数男八〇名女二〇名ニ過ギズト云フ。

寺町は、江戸時代初期に米子の城下町が形成されていく過程で、周辺地域から寺院が集められてできあがった町です。城下町の北側に東西一列に並んだ九つの寺は、米子城を守る陣地の役割を果たしてきました。

開校当時は、男子校を「義方校」として寺町の瑞仙寺と安国寺を仮校舎に、女子校を「知新校」として同じく寺町の妙善寺を仮校舎に、それぞれ充てていたと記録されています。(4)

学制が頒布されて、各所に学校を創らなければならなかったのですが、すぐに大勢の子どもたちを収容できる施設を建設することは困難であり、学校を設置するのに最も適した場所としてお寺が選択されたのでしょう。因みに、江戸時代の記録では、瑞仙寺も安国寺も妙善寺も寺子屋が置かれた事実はなく、寺町にある九ヶ寺の中で、なぜこの三ヶ寺が選ばれたのかは定かではありません。また、義方校発祥の地である安国寺、瑞仙寺、妙善寺には残念ながら学校創立に関する資料は何一つ残されておらず、義方校創立の経緯は不明なままでした。

沿革誌文中に「仮校舎」という表記がありますが、これについては考察を追加する必要があります。

学校沿革誌は、その学校の歴史を辿る上で最も貴重で基本的な史料なのですが、沿革を記録して残していくということは学校制度が生まれた時から行われていたわけでありません。義方校においては、明治二〇年頃までは詳細な記録が沿革誌に記載されていなく、後年のある時期になってまとめられたものと思われます。(5)したがって、開校当時の出来事については、十数年前をふり返って記録したものであり、結果的には開校五年後に寺町に素晴らしい校舎が建てられることになるのですが、ここにある「仮校舎」という表現は、後に書かれたものであると考えるのが妥当でしょう。

当時、米子では義方、知新の他に明道、発蒙の二校が創立されていますが、明治七（一八七四）年の『文部省年報』では、数の上では知新校を除いた「三校」と計上されています。創立当初から、義方と知新の二校は同一校とみなされていたようです。[6]

なお、『百十年誌』中の「義方小学校沿革史（抄）」、『六十年誌』中の「慰霊祭祭文」「卒業生所感」及び卒業生対談記事等には、「一部の児童を福厳院に収容した」という記録があります。[7] 沿革誌にはこの記述はありません。対談記事の中では、卒業生の記憶として「●●（具体的地名）の人たちは福厳院に通っていた」という記述がありますが、その地名は当時の被差別部落を指しています。

被差別部落の人々への賤称を廃したいわゆる「解放令」（明治四年八月二八日太政官布告）は学制頒布の前年に出されました。これにより四民平等の世の中になって、すべての子どもたちが同等の教育を受けることが制度的には成立するのですが、被差別部落の子どもたちだけが分教場のような別の場で教育を受けることを強いられるという事例は各地で見られています。[8]

福厳院の事例については、義方校創立に関する沿革誌等の記録には残されていませんが、卒業生の証言や慰霊祭の祭文に表されていることは注目に値すると考えます。

米子の周辺部の小学校は、町村の合併や学校の統廃合等の事情により学校の変遷が複雑なところも少なくありません。例えば、筆者が義方校の前に校長を務めた箕蚊屋小学校は、もともと米子市編入前の春日村と巌村にあった春日小と巌小が統合したもので、その二小も、春日小の前身が静修

現在の寺町通り

尋常小と王子尋常小、巌小の前身が熊党学校、蚊屋学校、実教尋常小など、多くの地域の学校が統合して今の姿があります。[9]

それに比べ、米子の中心地にあり、しかも最初にできた学校である義方校は、明治二〇（一八八七）年に旗ヶ崎簡易小学校（現 住吉小学校）が分離独立したことくらいで、あとは、啓成校と就将校の開校に伴って、校区割りが変わった程度の変化です。[10]

しかし、学校は三度の大きな移転を繰り返し、そこには数多くのドラマが生まれています。それらの出来事については、このあとで詳しく述べたいと思います。

学校と寺子屋の関係

前述のとおり、学校ができるまでは寺子屋で多くの子どもたちが学んでいましたが、学びの場は学制の頒布によって一斉に寺子屋から学校に切り替わったわけではありません。

寺子屋と小学校との関係については郷土史家の篠村昭二氏[11]が『鳥取県教育百年史余話』の中で、「（小学校と）明治初年の寺子屋との連続と断絶の関係は、地域ごとに調査されねばならないものがある。ところが、その間の事情を物語る史料はきわめて少ない。」と語っています。

義方校最初の周年誌は『六十年誌』で、これには創立当時の様子が書かれています。ただし、公的な記録ではなく、当時の様子を知る人の証言に基づく聞き書きです。

明治五年満天下に学制が発布され、町々に在った寺子屋が解散になって、手習児共は机をかついで瑞泉寺《（ママ）》

や安国寺や妙善寺に集まったものだ。（中略）手習児が止んでから学校に行くと言い出したのだが、実は寺子屋の延長で教わることも同じことだった。小学読本や修身の本等が出来たのは明治七年頃のことである。

（『六十年誌』「義方校の揺籃時代」より）

ここでは、寺子屋が解散となって学校に行くようになったものの、人々は学校を「寺子屋の延長のようなもの」と感じていることがわかります。また、『百年誌』には次のような児童作文が掲載されています。

義方校は、今から百年前、寺町に寺子屋としてたてられたのが始めだと聞きました。ことし九〇才になる僕の祖母が、この寺子屋に入学したと話してくれました。

（『百年誌』「創立百周年をむかえて」より）

安国寺

この作文からは、この子のおばあさんは義方校を寺子屋ととらえていたことがわかります。また、『鳥取県教育百年史余話』に描かれたエピソードの中には、しばらくの間は学校と寺子屋が併存していたというような事実もうかがえます。

米子市内町の大原峯太郎さんに会ったときのことである。大原さんは「小学校の帰り途、寺子屋に寄って勉強したものです」と語られた。それは明治の中ごろのことで、大原さんの手もとには寺子屋の師匠に書いて与えられた〝御手本〟が残されていた。大原さんの通学された義方校は、米子市内ではもっとも由緒の古い小学校である。そこで教える教育内容は、町家の子どもにとって充分なものとは考えられてはいなかった。

（『鳥取県教育百年史余話　上巻』より）

これらの記録からは、学校が創立されたといえども、人々は直ちに子どもたちを学校に行かせようとしたわけではなく、しばらくの間は寺子屋との共用を図っており、学校側も寺子屋との明確な違いを表せずにいたことがわかります。また、『六十年誌』に収められている「卒業生所感」には、「私は中途で退学して東福原の高橋塾に通ひました。何でも明道校にかはるのを嫌って、四日市町の者が大部分高橋塾の方へ行きました。」という記述も見られます。

このことから、学校と私塾の関係性も曖昧であり、特に高橋塾は前述のとおり多くの門人に慕われ、他の私塾や寺子屋が学制頒布後間もなく次々と廃業していく中で、明治三〇（一八九七）年まで存続していたようです。

当時は明治政府の政策に対する反感から、全国各地でさまざまな一揆が起こっていますが、小学校の廃止を要求の一つにあげるような一揆も起こっています。学校施設整備や教員給与という金銭的負担や、労働力とし

妙善寺

ての子どもを取り上げられるようになったことが、人々の反発を買ったのでしょう。義方校下では「児童或は旧慣に泥して家塾を慕ひ、父兄或は迷妄にして新校を嫌ひ」（「六十周年記念式典祭文」）、明道校下では「寺子屋を慕うの風が強く、小学校に通うことをよろこばなかった」（「明道小沿革誌」）のように、学制が頒布されても、庶民感情としては寺子屋から学校への切り替えは難しかったようです。

しかし、元来教育への関心が高く、多くの寺子屋が存在していた県西部では、学校教育の内容が理解されるにつれて就学率も向上し、義方校では創立時に一〇〇名だった生徒が、一年後には二五一名にも上りました。学校への人々の期待は、時間の経過とともに大きくなっていったようです。

「Since1873」とデザインされたポロシャツ

筆者が義方校に勤務していた平成の終わりから令和の初めの頃には、背中に校章と「GIHO since1873」のロゴが入ったポロシャツを職員のユニフォームとして使っていました。誰が最初にデザインしたのかは知りませんが、この「since1873」の部分には、一五〇年の義方校の歴史の中にスタッフとして関わることができたことに対する少しばかりの誇らしさを感じます。

三　校名の由来

「義方」の由来

校名、つまり学校の名称の多くは、その学校が立地する地名に基づいています。例えば、近隣の学校でいうと、住吉小は「住吉村」に、加茂小は「加茂村」に、それぞれ位置したことから名付けられました。現在の米子市立小学校の校名のほとんどは地名に由来するのですが、義方校をはじめ「明道」「啓成」「就将」のいわゆる旧市内四校は地名には由来していません。

『鳥取県教育史』によると、明治五（一八七二）年の学制頒布直後に創立された県内の小学校は、先に述べたとおり、県東部の遷喬、修徳、愛日、進良、日新、循誘、行徳、泊の八校ですが、泊校を除くとすべて現在の鳥取市の市街地に建てられた学校であり、泊校を除く七校の校名はいずれも地名に由来していません（現存する校名は遷喬のみ）。翌年には米子に明道、義方、知新、発蒙の四校が創立されていますが、いずれも地名には由来していません。

では、義方校をはじめ、これらの学校の校名は何をもとにして名付けられたのでしょうか。義方校の校名の由来については、校舎職員玄関正面に次のような説明書きが掲げられています。

義方という校名は、明治六年の開校当初につけられた、中国の古典である〝春秋〟を左氏という人が解釈した〝春秋左氏伝巻一隠公三年冬の項〟にある
「**臣聞く、子を愛するものは、これを教うるに義方をもってし、邪にいれず**」というところから出典している。
「本当にわが子を愛し育てていく人は、正しい行いをする人（義方）になるように教え、躾をして悪の渕に落ちないようにすることだ」

『春秋』は紀元前三五〇年ごろに中国で書かれた物語で、四書五経と呼ばれる中国の古典のうちの一つです。魯《ろ》という国を中心に記された歴史書で、孔子が編纂に関わったと伝えられています。『春秋左氏伝』は、この『春秋』に左氏という人が注釈をほどこした本で、紀元前七〇〇年頃から約二五〇年間の歴史的事跡を編年体に記してあるものです。

その『春秋左氏伝』の中で、義方校の校名のもととなった「臣聞く…」の部分の原文は次のとおりです。

臣聞愛子教之以義方

これが、説明書きにある「臣聞く、子を愛するものは、これを教うるに義方をもってし」を表している部分ですが、この言葉が出て来た物語の背景は次のようなことです。

昔、中国の衛という所を、荘公という太公が治めていた。荘公には、桓公と州吁という二人の子がいたが、荘公は弟の州吁を大そうかわいがり、兄の桓公をなかなか太子にしなかった。州吁はそれをいいことにして、わがままいっぱいに暮らし、争いごとを起こしたり、武力を使って乱暴ばかりしていた。荘公は、そのような州吁をいさめることをしなかったので、見るに見かねて、家臣の長であった石碏が「臣聞く、子を愛するものは、これを教うるに〝義方〟をもって邪にいれず。」と言って、太公をいさめた。その後、石碏にはいろいろな困難があったが、くじけずいっしょうけんめいに努め、桓公の世になった後に安心して職をしりぞいた。[12]

では、他校の校名についてはどうでしょうか。義方校とともに創立した明道校の「明道」は『老子』から、[13]鳥取県で最初に創立した八校のうちの一つである鳥取市の遷喬校の「遷喬」は『詩経』からというように、それぞれ義方校と同様に中国の古典が校名のもとになっています。

他県の状況はわかりませんが、鳥取県においては、学制頒布間もない頃に鳥取城下と米子城下に創立された学校では、古典の教えをもとに、その学校の教育観を表すような言葉をそのまま校名にするということが一般的だったのではないかと考えられます。

米子の旧市内四校のうち啓成と就将の創立は学制頒布から随分経った明治四〇年代ではありますが、明道と義方に倣い、創立時の教育観を示す校名をつけたものと思われます。旧市内四校体制となってからは、さまざまな教育活動において、この四校は強い競争意識のもとで切磋琢磨していくことになるのですが、とりわけ後発の二校の「明道、義方に追いつけ追い越せ」というライバル意識は相当なものであったようです。

その原点はすでに校名をつけるところから始まっていたものと思われます。

「義方校」の名付け親

義方校の校名は、前述のように『春秋左氏伝』に由来していますが、では誰が新しい学校に「義方」という名を付けたのでしょうか。明道校の場合は、沿革誌に「創立当時の山内衡初代校長が、人間教育そのものの本質精髄を明瞭適確にされたもの」とあり明確です。しかし、義方校の場合は、明確な記録が残っていません。『百年誌』の「学校のたんじょう」の章には「義方という校名もこの伊吹先生のつけられた名まえです」とありますが、沿革誌や最も古い周年誌である『六十年誌』には伊吹校長が関係している記述はありません。それどころか、伊吹校長が残した「大幸の稚童」[14]という文章には、末尾に「明治六年夏日於米子小学校」とあり、校名として「義方」の名を使用していません。

では、『春秋左氏伝』から「義方」の名を校名としてもってきたのは誰なのでしょうか。その手掛かりとなるものが、『六十年誌』のコラムの中にあります。それは、開校当時の教員である高島慎吾先生について書かれたものです。

佐渡屋昇平

文化八年米子に生る。字は敬子長、名は昇平、号を坪亀山樵、片帆と称す。日野含齊の私塾に学び、京阪に遊びて篠崎小竹、頼山陽に師事す。先生の碩学鴻儒なる事荒尾近江守に聞え、苗字帯刀の許可あり町学校教授役申附けらる。高島慎吾と改名し、大いに若年の者共の勧学教導に努む。

明治六年五月二三日附を以て、鳥取県参事河野通より第三中学区第三番小学助教方第四番小学助教方兼務申附られ明治一五年に及ぶ。自宅を蛍雪楼と称し文墨に親む。明治二七年一月一九日、年八四歳を以て逝く。萬壽山安国寺に葬る。

附　町内古老連の話に因れば、本校を義方校と命名せしは先生なりき。

（『六十年誌』「佐渡屋昇平」より）

＊傍線は筆者による

文化八（一八一一）年生まれということは、義方校開校時の年令は六二歳です。伊吹校長は天保七（一八三六）年生まれなので、高島先生の方が二五歳も年上になります。「碩学鴻儒」とは学者としての名声が大いに広まっていることを表す言葉ですが、若い時分に篠崎小竹や頼山陽という高名な学者のもとで学問を習得し、鳥取藩家老の荒尾氏から武士として教授役を申し付けられこともあったようです。

第三番小学と第四番小学の兼務とあるのは、義方校と知新校の兼務のことでありますが、前述のようにこの二校は開校当初から一つの学校として扱われていたことで「兼務」となっているのでしょう。原文の「町内古老連の話に因れば、本校を義方校と命名せしは先生なりき。」という附記から

100周年を記念して設置された校名碑

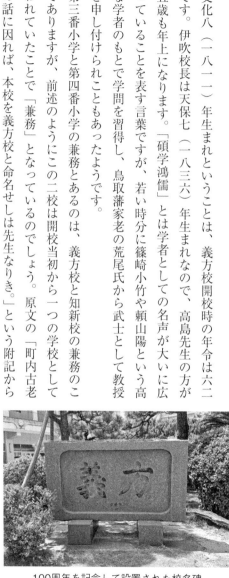

すると、「義方校」と名付けたのは佐渡屋昇平改め高島愼吾先生である可能性があります。しかし、その根拠が「町内古老連の話」に過ぎず、学校沿革誌をはじめとする正式な記録には書かれていないことなので、新たな史料の発見を待つしかありませんが、高島先生の経歴や伊吹校長との年令差などを考えると、高島説は有力な説であると考えます。

四　伊吹市太郎先生の生涯

伊吹先生の経歴

ここまで書いてきたように、義方校の初代校長は伊吹市太郎という人物です。敬意を込めて「伊吹先生」と呼ぶことにします。

市内の小中学校では、どこの校長室にも歴代校長の肖像写真が飾られています。義方校の校長室にも三〇枚以上飾られていますが、その最初に位置しているのが伊吹先生の肖像写真です。正確に言うと肖像画を写した「肖像画写真」です。『六十年誌』に掲載されている肖像画の顔の部分を拡大したものがそれなのですが、

伊吹市太郎先生（『六十年誌』より）

原画がどこにあるのかは不明です。

伊吹先生の履歴については『六十年誌』に次のように記されています。

通称を市太郎、緯を正健、名を正雄、凡子籌生は其の号なり。天保七年鳥取藩士伊吹家に生れ、長じて藩校尚徳館に学ぶ。武は諸芸に通じ、殊に槍術に秀でたり。又書巧みにして和歌をよくし、文武兼備ふ。文久二年藩周旋方の命を受けて上洛し、勤王の事に奔走したりしたが、君側の奸臣を仆して主君の聡明を蔽へる妖雲を払ひ、併せて因州武士の忠誠を天下に表明せんと、二十二人の聯盟に加はり、文久三年八月一七日の夜、京都本圀寺に奸臣の天誅を断行せり。即ち先生は世に言ふ因幡二十士の一人なりしなり。王政維新当時は帰藩して同志と農兵を募り、新国隊を組織して中央と地方の連絡を図りたり。明治初年は父の通称を継ぎて勘右衛門と改名す。鳥取藩大属、鳥取県中属を経て、明治六年四月本校創設せらるるや推されて校長に就任す。時に先生三八歳。斯くして本校教育の基礎は、先生の燃ゆるが如き尊王愛国の精神を以て樹立せられたり。

其後米子中学校（前身）校長、大神山神社宮司、宇倍野神社宮司等歴任し、遂に明治二三年八月二一日病の為長逝せり。畏くも明治天皇維新の功労を称し給ひ明治四〇年五月一七日従五位を贈られたり。

（『六十年誌』「歴代校長の面影」より）

伊吹先生は天保七（一八三六）年に鳥取藩士の家に生まれ、成長して藩校尚徳館で学びました。様々な武術にも通じていて、特に槍術（やり）が得意だったようです。書も上手で和歌をよく詠むなど文武兼ね備えていました。

文久二（一八六二）年に藩命を受けて上洛すると、そこで歴史の大きな渦の中に巻き込まれていくことになります。翌三年八月一七日の夜、鳥取藩の若い藩士たちが「君側の奸に天誅を加える」という大義のもとに、京都の本圀寺で藩の重役四人を襲撃して三人を殺害するという、いわゆる「本圀寺事件」が起こりました。事件を起こした武士たちは後に「因幡二十士」と呼ばれることになりますが、伊吹先生もその二十士の一人でした。

激動の時代を生きた鳥取藩士

この本圀寺事件と因幡二十士の行く末については、平成四（一九九二）年に義方校で開催された第五八回米子市初等教育研究発表会の資料として、当時の職員だった羽田成夫先生（退職時は福米西小学校長）が六年生の社会科教材として作成した「地域教材シリーズ２　激動の時代を生きた鳥取藩士」に詳しく記されています。内容を要約すると次のとおりです。

鳥取藩主池田家は、准親藩として幕府から親藩につぐ待遇を受けていましたが、水戸藩の慶徳《よしのり》が池田家を継ぐことになったため、藩内ではこれまでの立場を守る人々と慶徳に取り立てられて水戸学の影響を強く受けた人々（尊王の

『地域教材シリーズ２』表紙

立場）との間に意見の対立が見られるようになりました。

一八六二年に朝廷は、慶徳に密書（京都守護に任命し攘夷解決にあたるため上京すること）を送りましたが慶徳の側近らは、この密書の伝達をさまたげ、朝廷の考えを伝えませんでした。

一八六三年八月一六日、京都の町に「天皇の名において攘夷を行う行動が中止になったのは、鳥取藩主の考えからである」と非難する張り紙がはられ、急進的な尊王攘夷の若い藩士たちは、「主君が不忠の汚名をこうむったのは、側近のせいである。」と激しく怒りました。

そして、主君の疑いを晴らすには、重臣たちを切る以外にないとし、本圀寺にとまっていた御側用人黒部権之介ら四名をおそいました。これを本圀寺事件と呼び、この事件をおこした若き藩士たちを、因幡二十士とよんでいます。

藩主慶徳は、大勢で法を破って藩主に仕える士を斬殺するという暴挙にとても腹を立てましたが、二十士に対する助命嘆願運動と公家からの助命願いにより、死一等を減ずる命令を出しました。あわせて、斬殺された四名の重臣の遺族にも御沙汰書を送りその死を慰め、国のためにあだ討ちをとどまるようにと書き送りました。

事件後、黒坂の泉龍寺に送られた二十士は自然と人を愛し、武道や学問手習いにもはげみ、社会奉仕的な活動も行ったことから黒坂の人々にもしたわれました。

新国隊　後列左から２番目が伊吹先生
（山陰歴史館 蔵）

しかし、二十士がひそかに諸国の浪人たちと連絡を取り合っていたため、危険視した藩は鳥取へ帰らせましたが、二十士は第二次長州征伐を機に鳥取を脱出して西へ向かいました。松江藩に疑われた二十士は、手結浦に五名の人質を残してさらに西へ向かいましたが、人質となった五名は、本圀寺で殺された重臣の遺族らにあだ討ちされ、命を落としました。

西へ向かった一六名は、長州軍と会見し和木（江津市）に二年滞在した後、慶徳公より藩へ帰ることを許され、京都で歩兵に取り立てられ新国隊を組織しました。その後、新国隊は鳥取で常備軍となり、米子に移されてからは寺町の心光寺を本拠地として、維新を推進するために重要な役割を果たしました。

伊吹校長先生は、因幡二十士の一人として、明治維新にむけて力をそそいでこられた方です。学校の玄関に飾られてある「鯱《しゃち》」は、もとは、米子城の天守閣に飾られていたものですが、新国隊が解散になったとき、米子城が二十士（新国隊に所属していた）に譲り渡されました。そこで、新国隊の幹部として活躍されていた伊吹先生は、新しくできる学校の校舎の屋根に飾るためこのしゃちをもらわれたとのことです。

校長先生は、そのころの子どもたちに次のようなお話をされています。

大幸の稚童

学校ができて、勉強しようと思う人は、だれでも自由に学ぶことができるようになりました。一日もむだにしないで広く西洋のことも勉強しましょう。西洋のことを知ることは大変よいことだが、それも、りっぱな日本人になるためです。みなさんは、おどろくほどよく勉強しております。勉強して志を立て、りっぱな人になり、家を興し、日本をりっぱな国にし、海外の国から仰ぎみられるようになりましょう。

伊吹校長先生は、とてもおだやかで、誠実な人がらの上、文武両道にすぐれておられたということです。また、少々のことで喜怒哀楽を顔に表されることのない堂々とした人だったと言われています。

（『地域教材シリーズ２　激動の時代を生きた鳥取藩士』より）

義方校校長の前後

幕末の動乱の世で運命に翻弄された伊吹先生は、晩年は子どもたちの教育に身を捧げることになりますが、勤王の志士から教育者へと転身する過程については、この資料からはわかりません。本項の冒頭に挙げた『六十年誌』内の履歴によれば、明治維新後に鳥取藩大属・鳥取県中属という官位に就いています。学制が頒布されたばかりの当時では、学校の校長という役職への評価がいかなるものであったかは不明で、県の役人から教職への転身は必ずしも栄転というものではなかったのかもしれません。

また、伊吹先生のことを調べる中で、義方校の各資料には全く出てこない事実が判明しました。それは、義方校の校長となる前に、鳥取の遷喬校の校長であったということです。『鳥取市立遷喬小学校　創立百周年記念誌「遷喬小学」』によると、伊吹先生は明治五（一八七二）年一二月から翌年一月までの二ヶ月間ほど遷喬校の校長を務めています。学制が頒布されたのは明治五年八月ですから、その四ヶ月後に校長に任命されていることになります。

義方校の校長としての在職は明治六（一八七三）年三月から翌年六月までの一年三ヶ月間です。遷喬校の校長を辞して、わずか二ヶ月後には県の西端に移って再び校長職を受け、一年余りでその職も辞しているということと、遷喬校の校長であった事実が米子では全く語り継がれていなかったということをどう受けとめたらよいのでしょうか。

『六十年誌』によると、その後の伊吹先生の経歴は「米子中学校（前身）校長、大神山神社宮司、宇倍野神社宮司等歴任し、遂に明治二三年八月二一日病の為長逝せり。」とあります。米子中学校は現在の米子東高等学校ですが、『米子東高編「創立百周年記念誌」』では、伊吹先生没後の明治三二（一八九九）年に設立の鳥取県第二中学校にその開校年を定め、伊吹先生とは別の人物を初代校長としています。

因幡二十士に詳しい郷土史家の岡田年正氏は「一八八二年（明治一五年）九月に一旦県立米子中学校の開校が実りながら、明治一九年の「中学校令」が発せられたことにより、一県につき一ヶ所しか公立の中学は開校されないことになり、四年の期間でその歴史を閉じたという歴史があることが分かった。」と記しています（『伯耆文化研究　第六号』）。『六十年誌』にある「米子中学校（前身）」とは、そのようなことを指すのでしょう。

伊吹先生のその後

校長室の金庫に大切に保管されている沿革誌に、三枚の新聞の切り抜きが挟んでありました。それは、伊吹先生に関する昭和二八（一九五三）年の日本海新聞の記事で、校長としてではなく、因幡二十士であり神社宮司である伊吹市太郎の紹介記事でした。しかし、その見出しは「二十士の一人が無縁仏」という意外なものでした。

「二十士の一人が無縁仏」

因幡二十士の一人鳥取藩士伊吹市太郎正健（晩年は勘右衛門、大山大神山神社宮司、鳥取市出身）は、明治二三年上京中に病没し遺骨は東京都内青山墓地に埋葬されているが、このほど同墓地の管理者から西伯郡逢坂村字松河原A氏のもとに、伊吹は無縁仏になっているので遺骨を引き取ってはどうかとの手紙が届いた。しかし、A氏は伊吹と血縁関係がないので、県下に伊吹の血縁関係者はいないかと探している。（以下略。A氏は新聞では実名）

（『日本海新聞　昭和二八年六月二五日』より）

上京中に客死した伊吹先生は青山墓地に埋葬されましたが、無縁仏になっているので、血縁関係者を探しているという内容です。この記事を受けて、縁者が発見されたことが、二日後の新聞で紹介されています。

「出てきた二人の縁者」という見出しのその記事（『日本海新聞　昭和二八年六月二七日』）は、伊吹先生の妹の子と伊吹先生の後妻の子が、いずれも鳥取市内に住んでおり、遺骨の持ち帰りについては両者で話し合って決めるという内容でした。

しかし、その一週間後には、伊吹先生の義娘が自

出てきた二人の縁者
廿士の無縁佛
鳥取に義理の子と甥
芳心寺には骨はない？

伊吹市太郎先生の縁者を伝える記事
（日本海新聞 昭和28年6月27日号）

家の墓地に引き取ることで決着したという「無縁仏多摩墓地へ」という記事（『日本海新聞　昭和二八年七月四日』）が掲載されました。

その記事によると、伊吹先生の長男一太郎氏は、鳥取市で育った後に上京した際、伊吹先生の墓が青山墓地にあることを知り、自家の多摩墓地に引き取ろうとしたが、伊吹先生の墓が他家の建立であるため管理者から移転が許可されず、仕方なく墓の土だけ多摩墓地に持って帰って祭ったらしいのだが、そのうち戦争となって、話が先に進まなくなっていた、という経緯があったようです。このたびの「無縁仏」という新聞記事をきっかけに、すでに亡くなっていた一太郎氏の妻が伊吹先生の遺骨を多摩墓地に引き取ることで一件落着となりました。

因幡二十士として名を残し、鳥取と米子の両地で学校教育の先駆けとなった遷喬と義方の校長を務めた人物が、「無縁仏」となっていたことは驚くべき事実です。しかも、新聞記事では、その校長であったことも語られていません。

先にも述べましたが、県の役人から校長への転身は必ずしもキャリアアップとは言えないものだったのかもしれません。書が巧みで和歌にも長じていたという文人としての才覚が、まだ「学校」というものが何かもわからない時代に重用され、校長という職を任されたのではないかと推察します。しかし、経緯はどうであれ、「大幸の稚童」に表れているように、新しい国づくりと、その基盤となる人づくりに確固たる信念をもち、短期間ながら教育に身を捧げた伊吹先生が、米子の学校教育の先駆者であることに間違いありません。

因幡二十士と名を残しながら、明治維新後は決してその功績に見合う活躍の場を与えられなかった伊吹先生ですが、その精神は大正時代に西古校長によって「義方　剛健　仁愛　進取」という校訓を生み、一五〇年の年月を経て現在の義方教育につながっているのです。

注

（1）『日本教育史資料』には、塾の経営者が村内の有志者であり、教師を他から迎える「郷校」を含めて四校しか記録されていない。『鳥取県教育史』には私塾と郷校を合わせると一八校が記録されている。しかし、高橋塾はいずれの資料にも記録されておらず、私塾については統計が不明確である。

（2）明治五（一八七二）年には県内で八校だった小学校数は、六年には二一八校、七年には三一六校にまで増えている。当初は小さな村にも学校がつくられていたが、明治一五（一八八二）年に統合が進められて分校が建設されたため、本校は一六九校まで減少する。昭和二二（一九四七）年の学校基本調査では小学校数が二〇九校であることから、鳥取県の規模では二〇〇校前後が適正な数であったと考えられる。近年では児童数の減少とともに統合や義務教育学校の建設が進み、令和四（二〇二二）年度は一一七校にまで減少している。

（3）八校のうち、校名が変わらずに現存しているのは令和五年四月時点で遷喬と泊の二校である。

（4）当初、知新校は本教寺で開校し、後に妙善寺に移ったと記録されている。沿革誌は明治二〇年代から詳細に記録されているため、創立当時の沿革には省略されている部分もある。

（5）『六十年誌』の松田哲校長による「発刊の辞」に「本校は明治二一年以前の諸記録は一物も残存して居ない」とある。学校の沿革が書き留められるようになった時期は明らかではない。沿革誌には検閲印が押印されている年があり、その最も古いものは明治三七年一二月である。印は「羽山」となっており、羽山八百蔵校長（第九代）のものと思われるが、羽山校長の在職期間は明治二三年から二四年までの間であり、検閲印は西伯郡視学当時のものと思われる。『鳥取県教育百年史余話 上巻』には、羽山八百蔵について「郡視学時代は、勤務が厳正であって、点検した帳簿には付箋をつけて押印した。米子市内の小学校には『沿革史』が残されていて、今も羽山の署名と押印が見られる」とある。

（6）明治七年『文部省年報』では「義方・知新学校」として一校と数えており、明治八年『文部省年報』では「知新」の名は削除されている。明道校は愛宕町の総泉寺を、発蒙校は博労町の光西寺をそれぞれ仮校舎として、共に明治六年に創立された。明治一〇年に発蒙校は明道校に統合された。

（7）『百十年誌』の「義方小学校沿革史（抄）」、『六十年誌』に収められている「第一期生に開校当時を聴く」「卒業生所感」「六十周年慰霊祭祭文」の文中に、瑞仙寺、安国寺とともに福厳院を仮校舎に充てていたという記述が残っている。

（8）『新修米子市史　第三巻通史編近代』に書かれた内容が福厳院のことを指すと思われるが、このほかにも、戦後米子市に編入した農村部の被差別部落において分教場が設けられていた事実が、沿革誌に記録されている小学校もある。

（9）『創立三十周年記念誌みのかや』「学校の変遷」による。

（10）明治四一年の啓成校新設時には、東倉吉町、西倉吉町、尾高町、岩倉町、寺町の五ヶ町が移転し、四二年の就将校新設時には、堀端（西町、加茂町）、中町、宮町（加茂町）、郭内（久米町）、五十人町（中町、西町）が就将校に、立町一丁目が啓成校に移転している。後に、尾高町、岩倉町、寺町、立町は義方校区に再編入された。

＊（　）内は現在の町名。旧町名に関しては『角川地名事典　鳥取県』を参考にした。

（11）篠村昭二氏は高校で教鞭をとる傍らで県教育史の研究に精力的に取り組み、『鳥取県教育百年史余話』『鳥取師範物語』などに明治、大正、昭和の鳥取県の教育事情を詳細にまとめている。鳥取師範学校卒業後（昭和二三年）に明道校に勤務した経験から、米子の小学校事情にも詳しい。『鳥取県教育百年史余話』は、日本海新聞に昭和四八年一二月から昭和五三年一二月まで連載された記事について、『鳥取師範物語』は、毎日新聞鳥取版に昭和五九年六月から平成元年五月まで連載された記事について、それぞれ加除修正し単行本化したものである。

(12)『春秋左氏伝』の解説は、『ビギナーズ・クラシックス 中国の古典 春秋左氏伝』と『中国の古典名著総解説』の二冊から部分的に引用した。

(13)『明道校創立一〇〇年記念誌』には「校名起源」として「老子道徳経日上士聞道勤而行之。中士聞道若存若亡。下士聞道大笑之。不笑不足以道故建言有之。明道若昧。進退若退。夷道若類。上徳若谷。大白若辱。広徳若不足。云々」とある。『ワイド版 岩波文庫　老子』には、次のような解釈が記載されている。

「すぐれた士は道のことを聞くと、力を尽くして実践する。中くらいの士は道のことを聞くと、あるときは実践し、あるときは忘れてしまう。くだらぬ士は道のことを聞くと、大笑いする。笑われないようでは、道とするには足らないのだ。だから、つぎのような格言がある。本当は明らかな道は暗いように見え、本当に進んでいく道は退いているように見え、本当に平らな道はでこぼこしているように見える。最高の徳を持った人は怠けているように見え、大いなる潔白は汚れているように見え、広大な徳は何か足りないように見える。云々」

(14)学校の創立にあたり、児童に対して学びの精神を説いた言葉。郷土史家の岡田年正氏は『伯耆文化研究』第六号の中で、「本とは皇室を頂く万国に卓越せる我が国の国体を尊重し、皇威をいや益しにも益さんとすることであり、末とは諸外国の学術を学んでその本を達成するための手段とすることである。この最後の言葉を強調するために、彼は、『古事記』にある神話の世界から長々と説明していったのである。」と「大幸の稚童」の趣旨を解釈している。

第二章　明治期から大正期の義方校

一　山陰第一といわれた寺町校舎

寺町につくられた最初の校舎

お寺を借りて始まった義方教育ですが、明治一一（一八七八）年に新しい校舎が、瑞仙寺と安国寺に隣接する場所に建築されました。

> **【明治一〇年】**
> 九月二九日　校地ヲ仮校舎ノ前面畑地壱反九畝歩ヲ撰定シ、校舎新築ノ工ヲ起シ、明治一一年九月一四日落成セリ。義方知新ノ両校ヲ合併シ義方小学校ト名称ス。

土地の大部分は仮校舎の一つに充てられていた瑞仙寺のものだったようですが、明治一〇（一八七七）年九月に用地を正式に選定し、翌年四月に新築工事を起工、それから半年足らずで新校舎落成を見るに至っています。

完成した校舎は、当時の米子の町には比類のない立派なもので、『六十年誌』に収められた校舎図には「西洋造ノ堂々タル建物ニテ当時ソノ美麗雄大ナルコト山陰道第一ト称セラル」と記されています。当時はまだ珍しかった西洋建築の学校が、寺院が密集する寺町の一角に建築されたことは、米子の町にとっては大事件だったことでしょう。

落成の翌年にあたる明治一二（一八七九）年四月九日には、境二郎島根県令（現在の県知事）が臨席して落成式を挙げています[1]。廃藩置県が行われてからわずかしか経っていないこの時期、県令といえば藩主に代って大きな力を持っていた人物です。そのような人が、県庁のお膝元でもなく、旧藩主のお膝元でもない米子の町の小学校の落成式に臨席するということは、義方校の新校舎落成が、政治的にも大きな意味をもっていたと考えられます。

つまり、明治の世の新しい政治が混乱の時期を終え、富国強兵政策を進める基盤として教育制度を充実させていく時期に入り、義方校の「西洋造の堂々たる建物」はそのシンボル的な役割を果たすようになったのではないかと思われます。

その境県令は、落成式における訓辞として次のような誡語（いましめの言葉）を述べています。

「鶯籠に燕雀を飼ふの誹を受くる勿れ[2]」

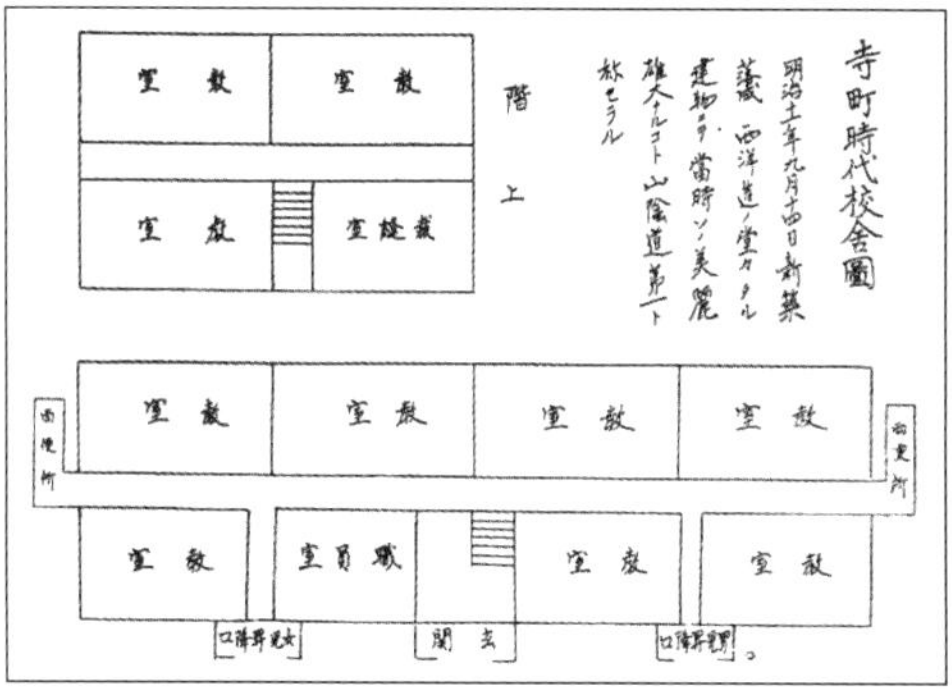

寺町校舎図（『六十年誌』より）

「鶯籠《おうろう》に燕雀《えんじゃく》を飼う」とは、「立派な鳥かごにツバメやスズメを飼う」という意味です。「立派な校舎が建ったけれども、それに見合った子どもたちを育てなさいよ。」という戒めの言葉だと受け止められますが、取りようによっては「旧鳥取藩の地である米子には分不相応な校舎ではないか」という島根県令としての嫉妬心が表出した言葉であるともとらえることができます。いずれにしても、県令にして「鶯籠」と言わしめるほど立派な校舎であったことは間違いないことです。寺町校舎ができた時の様子については、『百年誌』に次のような記述があります。

寺町の瑞仙寺（義方学校仮校舎）の前のはたけの一九アールほどの土地をつかって鯱が棟にむかいあっているお城のような学校がたてられました。明治一一年九月一四日のことです。児童がふえてきたこともありますが、りっぱな本当の学校をつくろうという考えの人がふえたからです。しかし、校舎をたてるには、たくさんのお金が必要です。そこで町の人たちは、みんなでお金をだしあいました。その時の校長は河崎先生でしたが、この先生は後の広島高等師範学校をでられたばかりの先生で義方を鳥取県一の学校にしようと考えられたのです。この西洋風の学校は鳥取県西部でもはじめての建物でしたから、大変なひょうばんになりました。そうして米子の銀学校、鯱学校とよばれました。この校舎で勉強する児童たちはどんなにかよろこんだことでしょう。この学校はこの町に住んでいた人々のおかげによるものです。この校舎ができて、義方と知新がいっしょになり、義方小学

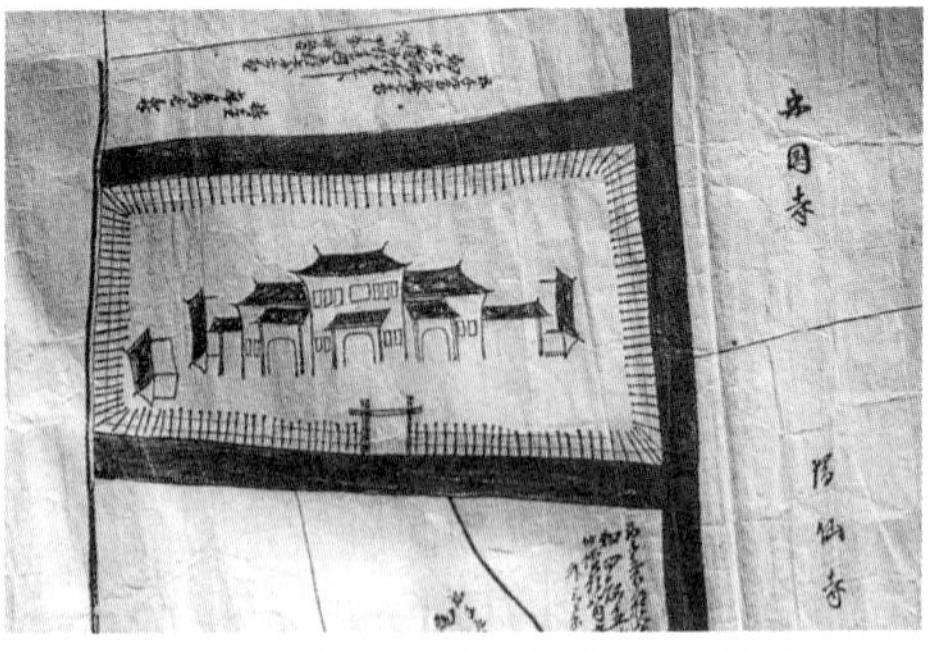
寺町時代の校舎絵図面（山陰歴史館 蔵）

校になりました。

（『百年誌』「きふでできた学校」より）

米子でほぼ同時期に開校した明道校と義方校は、明道校が士族の学校、義方校が町人の学校というような区分があったようです[3]。それは正式な区分ではありませんが、米子城の外堀の内側で武家屋敷に近い場所に建てられた明道校と、外堀の外側で町人の暮らす場所に建てられた義方校との違いに由来しているのでしょう。

地域が誇る「銀学校」

この頃は、地域の人たちが金銭的な負担をして学校を建設することは普通のことでした。そして、それは自力で学校を建てるだけの財力が、その地域にあったことを証明しています。

米子城修復の財政的負担を担った功績によって天守閣の鯱を与えられ、義方校の創立にあたっては学校保護人[4]となった鹿島家[5]、戸長にして校舎新築に際しては建築委員を担った長田家[6]、山陰の鉄道整備に功績があり後藤駅や後藤ヶ丘中学校に名を残す後藤家[7]など、財力のある豪商が多い義方校区では、今では考えられな

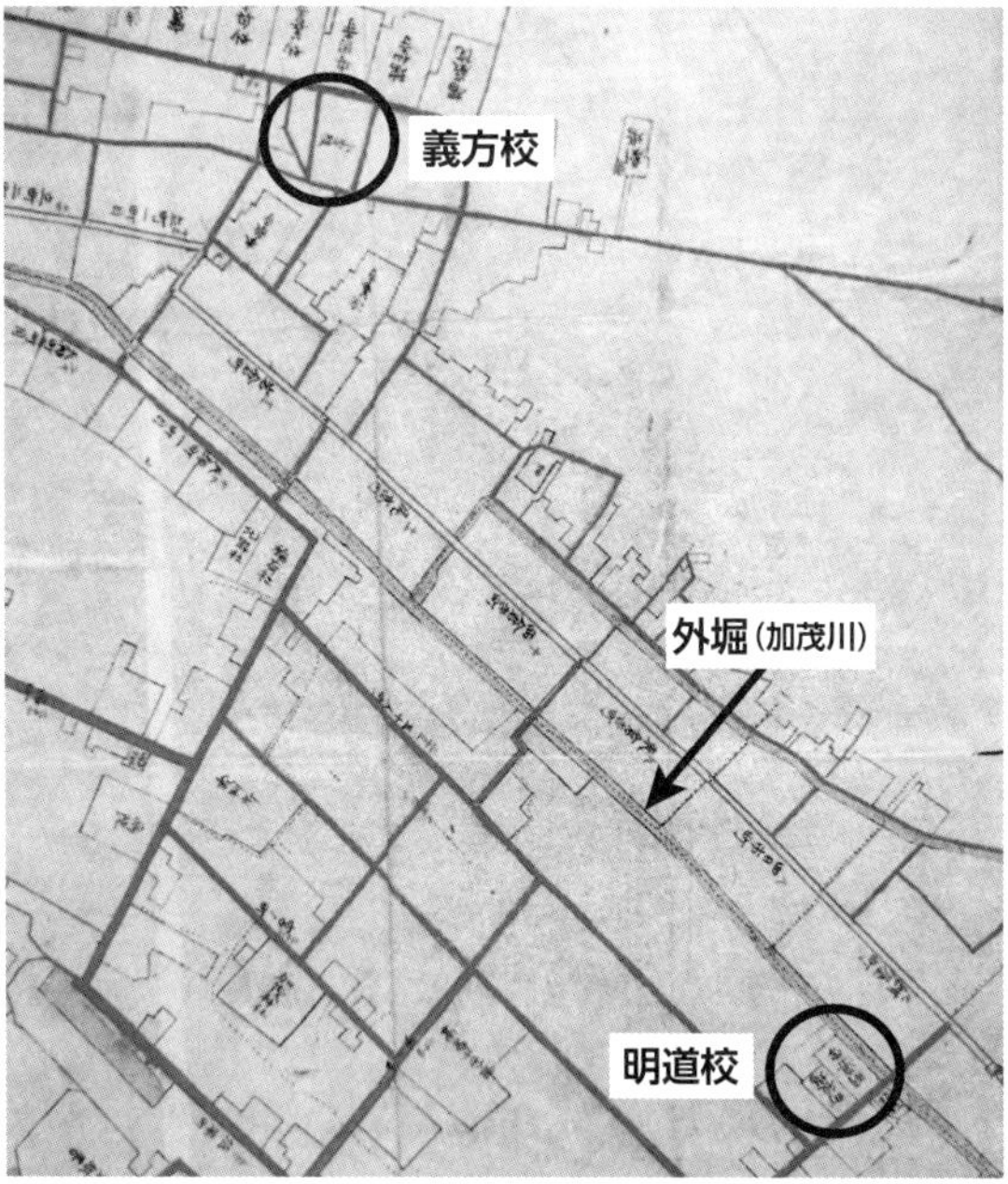

創立当時の義方校と明道校の位置関係
「米子町全図」（山陰歴史館 蔵）をもとに作成

いほどの建設資金が集められたのではないでしょうか。

残念ながら、寺町校舎の写真は現存していません。(8) 昭和初期に義方校に勤務された内藤英雄先生(9)の描かれた絵が、唯一校舎の面影を残すものです。沿革誌にある「西洋造」には見えませんが、明治維新からわずか一〇年後にできた建築物としては、地域の誰もが誇りに思うものだったことは容易に理解できます。その校舎のすばらしさは、次の回想からもわかるように、当時の子どもたちに学校への憧れを抱かせることになりました。

当時の寺町はお寺の側だけの町で南側の大部分は麦畑でありました。お参りがすんでおぢいさんに手をひかれて山門を出ると麦畑の中に当時の鯱学校がありました。（中略）鯱学校の広壮完美に眼を丸くして、こんな学校に行きたいと深く童心に刻みつけられた事でした。

（『八十年誌』「旧職員所懐」より）

寺町に新築された義方校は、棟の両端に米子城の鯱を据えた堂々たる白亜の殿堂であり、それが朝日夕陽に照り映えて眩しいばかりであったと言います。

（『百十年誌』「お祝いのことばに代えて」より）

寺町校舎（内藤英雄先生 画　義方校 蔵）

今でも、義方校の昔語りの中に「銀学校」という呼び名が出てくることがあります。銀箔が塗られたわけではなく、おそらく白壁だったと思いますが、陽光あるいは月光に照らされて銀色に光り輝く印象があったのかもしれません。また、義方の「ギ」に掛けられてもいて、「銀学校」という愛称は広く使われていたようです。

寺町と校長室前に設置してある標識

安国寺等のお寺を仮校舎として開校した義方校は、寺町に新築した新校舎で本格的な学校教育を始めることとなります。この寺町にできた校舎を「寺町校舎」と呼びます。この寺町校舎が建っていた場所には、現在、米子市教育委員会による標識が立てられ、往時をしのぶものとなっています。[10]

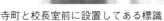

二　校舎に掲げられたしゃちほこ

義方校を訪れた人がまず目を見張るのは、玄関正面に置かれた一対の鯱鉾（以下「しゃちほこ」）です。しゃちほこは義方校のシンボルであり、いつの頃からか義方校の子どもたちは「しゃちっ子」と呼ばれるようになりました。

義方校のしゃちほこは江戸末期に作られ、明治初期に取り壊されるまで米子城の櫓の屋根に置かれていたものです。お城に掲げられていたしゃちほこの実物が一対そろって小学校に保存されているのは、全国でも例を見ないものであると思います。では、そのようなしゃちほこが義方校にあるのはなぜでしょうか。

寺町校舎に掲げられたしゃちほこ

明治一一（一八七八）年に完成し、「山陰道第一」と謳われた義方校の寺町校舎について、沿革誌には次のように書かれています。

【明治一一年】

寺町校舎新築落成義方知新ノ両校ヲ合併シテ義方小学校ト名称ス。建築費一三二〇円余リ、

建築委員　戸長　長田喜平。

当時の学校は、現在のように自治体が建設するのではなく、その地域で建設費を工面して建てるような仕組みであったようです。義方校の場合は、前項で述べたように、後藤家や鹿島家に代表される豪商が、その中心となったのでした。そして、建築委員として寺町校舎新築の責任者となったのは、戸長の長田喜平でした。戸長とはその地域のリーダーであり、江戸時代の庄屋や名主の流れをくむ家の当主が任命されていました。今で言うと町長や市長にあたる役割を担っていたものと思われます。

建築責任者である喜平さんは、完成した新校舎を前にして、校舎の屋根にしゃちほこを設置することを突然提案したようで、その経緯が記録に残っています。

落成当日の話であろう。湊山久米城の天守閣棟にあった鯱を、このお城のような学校の棟に乗せたいと、建築委員戸長長田喜平氏が言いだした。明治の御代に、と反対するものもあったが、長田さん頑張って新築校舎の屋根の上に掲げられる。掲げて見ると、お城のような建築によくうつるので、皆喜び合ったという。

（『六十年誌』「鯱の話」より）

湊山久米城とは米子城のことを指します。明治維新となって取り壊されたお城の、残されたしゃちほこを学校の屋根に掲げるという発想は何と大胆なことでしょうか。その突然の提案に、時代錯誤だと反対する声もあったようですが、実際に掲げてみるとよく映える姿に人々の喜びが増した様子がうかがえます。

当時、米子には米子城の堀の内外によって区分された明道校と義方校の二校しかなく、掘内にある士族中心の明道校と掘外にある町人中心の義方校は、人々の意識上ですでにライバル関係にあったものと思われます。商家が中心となって建設された学校の屋根に、城のしゃちほこが置かれるということは、武士の時代の終わりを象徴する出来事だったのかもしれません。
後に学校設立の功労が認められ、喜平さんは当時鳥取県が編入されていた島根県から表彰されました。『六十年誌』には、表彰状の文面が収められています。

伯耆国会見郡岩倉町　平民　長田喜平
其方儀平素心得方宜敷学事を振興するを以て自ら任じ往きに
小学創業に当り苦情紛議之際百万周旋遂に凶徒の為に屋宅を
毀損せらるると雖も更に屈撓せず尋て今回義方小学建築之際
尚工事を負担し終に伯耆国に冠たる壮大之学校を落成せしめ
候段学事に尽力故に有之奇特に候事
明治一二年五月一七日
島根県

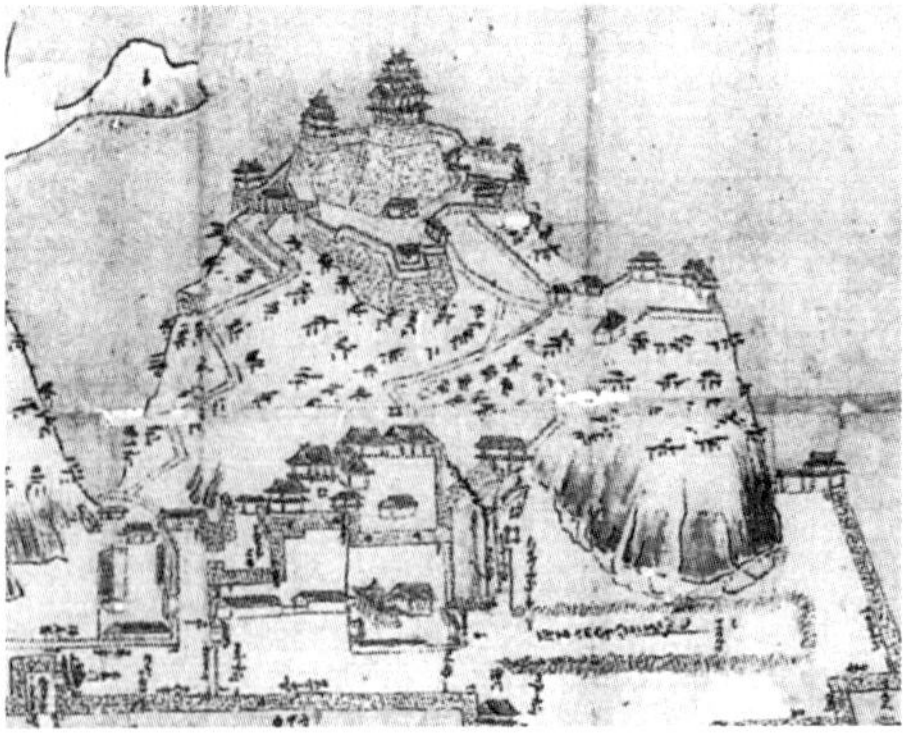
米子城絵図（山陰歴史館 蔵）

長田喜平と伊吹市太郎

喜平さんが寺町校舎に掲げたしゃちほこは一対二基でしたが、米子城のしゃちほこは五基が現存しています。米子市ホームページでは、それらについて次のように説明しています。

内二基は幕末の修理以前に乗っていたもので、他の三基は新しく嘉永五年（一八五二）以降に作られたものです。

江戸時代後期に米子城四重櫓の傷みがひどくなり、藩の命令で米子の富豪、鹿島本家・分家が全額費用を肩代わりして、石垣を含めた解体修理が行われました。その功労に対して、藩主から旧来の四重櫓に飾られていた鯱を下贈されたものが鹿島家に伝来されてきました。

他の三基のうち二基は、修理後の四重櫓に乗せられていたもので、明治維新後に米子城が家臣の新国隊[11]に払い下げられました。この新国隊編成の責任者であった伊吹市太郎が初代の義方小学校長に任じられて、校舎の屋根に飾ろうともらい受けたものです。以後、義方小学校で大切に保管されています。

残りの一基は四重櫓改築の試作品と伝えられ、「嘉永五壬子月日　十代目　松原仁左衛門作之」と刻まれています[12]。米子城の歴史を物語る鯱として大切なものです。

（『米子市ホームページ』「市指定有形文化財　米子城鯱」より）＊ホームページ説明文中の注釈は筆者による

米子城鯱瓦（山陰歴史館 蔵）

これによると、しゃちほこをもらい受けた人物が、沿革誌では「長田喜平」、米子市ホームページでは「伊吹市太郎」と異なっていますが、真相はどうでしょうか。

義方校創立間もない時期は、短期間で校長が入れ替わっています。寺町校舎ができあがり、その屋根に「しゃちほこ」

が掲げられた時点では、伊吹先生はすでに校長を退任し、第三代校長として河崎浄先生がその任に就いています。しゃちほこが掲げられたのは喜平さんの急な思い付きであったことは記録されていますので、伊吹校長時代にはそのような構想はなかったと考えるのが妥当でしょう。

一方、喜平さんは米子でも老舗の茶舗で現在も校区内の岩倉町に本店を構える「長田茶店」の二代目です。商人でありながら和歌や日本画にも通じていて、文人としての才能もあったようです。その作品を集めた「長門屋喜平展」（長門屋は当時の屋号）が平成一七（二〇〇五）年に開かれていますが、その時の資料から両者の接点がわかりました。

長門屋喜平（一八三四〜一九〇一）

天保五年七月一〇日、父・保寿の長男として生まれました。若くして商人の道を志し、茶の販売、貴心膏など薬品を取り扱う他、質屋も営みました。晩年には自ら喜保と称し、歌を詠み、絵筆をにぎり、自適の生活をしています。単に商人である事にとどまらず、文人でもありました。

古い歴史を持つ義方小学校は明治六年、瑞仙寺の寺子屋から始まりましたが、明治一一年、喜平は新校舎落成の時の建築委員長をつとめ、屋根には喜平の発案で米子城の天守閣にあった鯱がおかれました。

初代義方小学校校長の伊吹市太郎（伊吹勧右衛門正建）は尊皇を唱えたために常に旧残党に狙われ、喜平に匿われることになりました（現在の岩倉町屋敷三階）。旧残党たちは何度か伊吹を狙いましたが、喜平も伊吹も剣の心得、使い手であり、一度など三階の部屋近くまで忍び込んだのですが、立ち向かう事が出来ず、板壁に切りつけただけで引き上げたといいます。

晩年は文人趣味に徹した喜平ですが、絵の作風は俳画風の飄逸なもので深い味わいがあり、やがて処世訓を詠む狂歌風の作品に優れたものを遺し、また辞世の歌も残しています。

明治三四年（一九〇一）一〇月二七日に病を経て他界。享年六八歳でした。

（『長門屋喜平展　案内資料』より）

伊吹先生は幕末の京都本圀寺で、鳥取藩の若い藩士たちと共に、藩の重役四名を襲撃するという事件を起こしています。これは主君の名誉を守るために起こした事件だったため、伊吹先生を含むいわゆる「因幡二十士」は死罪を免れました。しかし、襲撃された重役の一族からは命を狙われる身となり、常に危険と隣り合わせの日々を送っていたものと思われます。

喜平さんと伊吹先生が、いつ、どこで、どのような出会いをしたのかはわかりませんが、命を狙われている伊吹先生を自宅に匿い、追手と戦うまでの強い結び付きがあったことは間違いないようです。いつ命を落とすかもしれないという緊迫した状況の中で、二人は岩倉町の屋敷の中で新しい世の中に

長田喜平 戸長（『六十年誌』より）

長田茶店本店

ついて語り合っていたのかもしれません。

そのような縁があって、新国隊に払い下げられたしゃちほこを、喜平さんが伊吹先生からもらいうけて、寺町校舎に掲げることになったのではないかと推測します。

喜平さんと伊吹先生の命をかけた深い絆によって、現在の義方校玄関に「しゃち」が置かれるに至り、義方の子どもたちを「しゃちっ子」と呼ぶことにつながっていることはドラマチックなことではありませんか。

義方校のしゃちほこ

しゃちほこの清掃風景

本章の冒頭で述べたように、義方校がもらい受けたしゃちほこは、現在、玄関入口正面にガラスケースに収納されて飾られています。このガラスケースは、昭和五五（一九八〇）年に地域の方から寄贈されたものですが、地震等で破損した場合に危険だということで、筆者の在職時（令和三年三月）にガラスケースの補強作業を実施しました。その際には、ケースから二基のしゃちほこを取り出し、たくさんの先生の手によって数十年ぶりであろう清掃作業を行うという貴重な体験をさせていただきました。

三　伊藤博文と杉孫七郎

玄関に掲げられた杉孫七郎の書

現在の義方校の玄関には「義方黌」（黌＝校）という書が掲げられています。この書については、「扁額の由来」として次のような説明書きが添えてあります。

> 明治一二年一一月九日　当時の内閣総理大臣　伊藤博文の「米子に義方校という立派な学校があるそうだから視察して来い」の命により宮内大輔　杉 孫七郎が来校し、記念として揮毫したものである。

伊藤博文の命によって、宮内大輔《くないだいふ》という役職の杉孫七郎という人が、わざわざ東京から義方校に視察に来たのだそうです。宮内大輔というのは、戦前の宮内省（現在の宮内庁）において、宮内卿（内閣制度以後は宮内大臣）に次ぐナンバー二の要職です。

杉孫七郎が義方校視察を命じられた明治一二（一八七九）年当時、上司である宮内卿は徳大寺実則という人物でした。伊藤博文は明治一七年から宮内卿を務めているのですが、明治一二年には内務卿という立場でした。内務卿とは、内閣制度が成立する以前の太政官制の下では事実上の首相でした。

学校視察ということであれば、今の感覚で考えると、文部卿（当時は寺島宗則）の命により文部大輔が来校するというのが筋かと思いますが、なぜ内務卿の命によって宮内大輔が来校したのかという点には疑問が残ります。そして、何より明治政府の中枢にいた伊藤博文が、どうして山陰の片田舎の学校を指定して、その視察を官僚のトップに命じたのか大きな疑問です。

それらの疑問を解くために、まず杉孫七郎という人物について調べてみました。杉は長州出身の明治政府高官で、萩博物館（山口県萩市）が監修している「萩の人物データベース」には次のようなプロフィールが紹介されています。

天保六年（一八三五）、御堀村（現 山口市）の藩士植木家に生まれ、杉家の養子となる。藩校明倫館に学び、安政三年（一八五六）相州警衛に派遣された。万延元年（一八六〇）手廻組に加えられ、藩主の小姓役となる。文久元年（一八六一）藩命により幕府の遣欧使節竹内保徳・松平康直らに従い、英・仏・蘭・独・露など西欧諸国を視察し、翌年、帰国した。文久三年、他藩人応接掛となり政務座に列する。さらに奥番頭格に進んで直目付役となり、元治元年（一八六四）当役用談役に就任した。慶応二年（一八六六）長州戦争（四境戦争）では軍監参謀を兼ねて石州口に出張した。明治元年（一八六八）戊辰戦争で備後福山藩・伊予松山藩を降したあと、藩に帰って副執政の用務をとる。明治三年、山口藩権大参事として藩政の中枢を担い、宮内大丞を経て、明治五年に秋田県令となった。その後、宮中に戻って宮内大輔に進み、特命全権公使、皇太后宮大夫などを歴任する。明治三九年、枢密顧問官となり、さらに議定官をも兼務

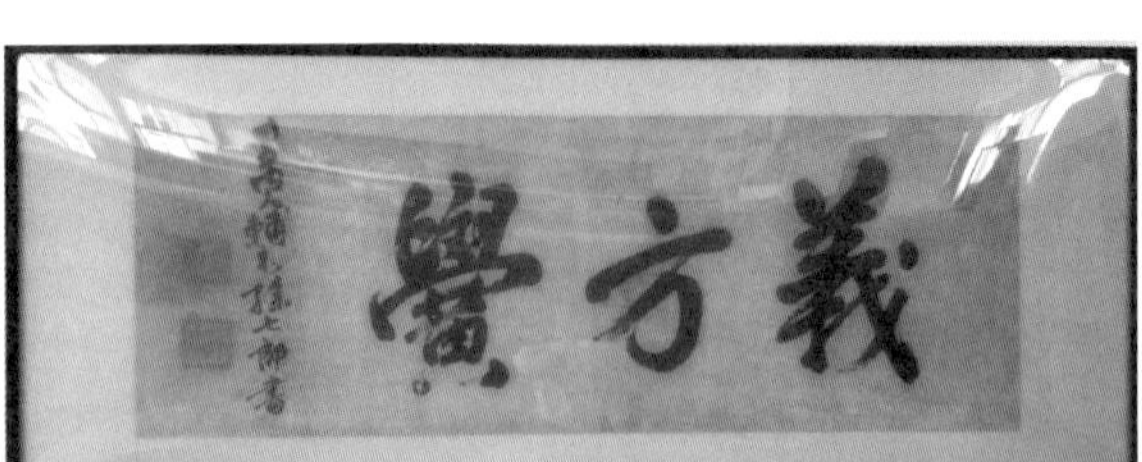

杉孫七郎による「義方校」の書

した。また能書家としても知られ、聴雨と号して数多くの書を残している。

（『萩の人物データベース』より）

藩校明倫館で学んだ杉は、二六歳の時に藩の西欧諸国視察団に加わり、早くから西欧文明に感化されるとともに、井上馨ら若者の西欧視察の道を拓いた進歩的な人物だったようで、明治維新後は政府の要職を歴任したことがわかります。

一方、視察を命じた伊藤博文は言わずと知れた初代内閣総理大臣です。伊藤も杉と同じ長州藩出身で、年齢は杉より六つ年下になります。また、藩校ではなく吉田松陰の松下村塾に学んでおり、若い時分は伊藤と杉の接点は見られません。

伊藤は文久三（一八六三）年に藩命によって井上馨らとともにイギリスに留学していますが、これは西欧に学ぶ重要性を藩の重臣に訴えた杉の尽力によるものです[13]。しかし、明倫館で学んだ杉が伊藤のことをどのくらい知っていたかはわかりませんし、杉が留学生の人選に関与できる地位にあったかもわかりません。まだ、この時点では二人のつながりは不明です。

旧長州藩士のつながり

杉孫七郎について調べているうちに、伊藤が杉に義方校視察を命じた謎を解くカギとなる人物が、他に二人いることがわかりました。

一人は野村素介という人物です。野村素介も長州藩出身で、年齢は伊藤の一つ下になります。

藩士の有地家に生まれ、野村家の養子となる。はじめ、萩の藩校明倫館で学ぶ。安政六（一八五九）年四月、江戸へ行き、桜田藩邸（上屋敷）内の有備館に入り、ついで塩谷宕陰から漢籍・経書・歴史を、小島成斎から書道を学んだ。文久二（一八六二）年に帰国して明倫館舎長となり、慶応二（一八六六）年二月、家督を継ぎ、藩主側近として活躍。明治に入ると山口藩参政兼公議人兼軍政主事から権大参事となり、同四（一八七一）年、官命によりヨーロッパ諸国を視察する。帰国して茨城県知事、文部大丞・教部大丞・文部大書記官・元老院大書記官・元老院議官などを歴任。明治二三（一八九〇）年には貴族院議員、ついで錦鶏間祇候となる。「素軒」の号を持つ書家としても知られ、選書奨励会審査長・書道奨励会会頭なども務めた。また、同じく長州出身の杉孫七郎と共に多くの書を揮毫し、防長孤児院運営のために寄付した。このため現在も山口県をはじめ各地に、たくさんの筆跡が残されている。

（『萩の人物データベース』より）

杉と同じ明倫館に学び、野村もやはり杉の一〇年後に西欧視察に出かけています。野村は文部大丞、文部大書記官など文部省の要職を歴任していますが、書家としても知られ、「能筆家の文部官僚」として名が通っていたようです。そして、この野村は杉よりも早く鳥取県を訪れている記録が残っています。

明治九年、鳥取は、文部省から派遣された野村素介によって視察を受けた。野村は、「該県ハ地勢偏僻、人心頑固、故ニ資ヲ課シ学ヲ興ス施設ノ難キ、石州ト大異ナシ」と文部省に報告した。(14)

（『鳥取県教育百年史余話　上巻』より）

明治九（一八七六）年は鳥取県が島根県に編入されている時期ですが、野村は「鳥取も島根と変わらず、教育施設が整っていない」ということを報告しています。この野村の視察報告は、鳥取と伊藤、杉を結ぶ一つの手がかりとなります。

そして、カギとなるもう一人の人物ですが、それは当時の島根県令　境二郎[15]です。境もまた長州藩出身で、年齢は杉の一つ下になります。境は明倫館で学んだ後に松下村塾に入塾しているので、若い頃から伊藤とも杉とも野村とも面識があったと考えられます。

境については島根県のホームページで詳しく紹介されていますが、特に島根県の官吏や県令として、次のように竹島の帰属問題に深く関わっています。

明治　九（一八七六）年　内務省からの竹島の地籍の問い合わせ
明治一四（一八八一）年　県令として内務省に、松島開拓願を提出

（『島根県ホームページ』より）

この境二郎　島根県令は、第二章第一項で紹介したように、明治一二（一八七九）年の義方校寺町校舎落成式に出席し、「鶯籠に燕雀を飼ふの誹を受くる勿れ」と訓辞した人物です。ここで、義方校と四人の長州藩出身官僚とが線で結ばれたと考えます。

これらのことから、「なぜ、明治政府の中枢にいた伊藤博文が山陰の片田舎の義方校を指定して視察を命じたのか」「なぜ内務卿である伊藤博文が宮内大輔である杉孫七郎を派遣したのか」という先にあげた二つの疑

問について考えてみます。

①野村素介は文部省に鳥取の教育施設の貧弱さを報告した。

②ところが、寺町校舎の落成式に出た境二郎はその壮麗な建物に驚き、竹島問題で情報のやりとりをしていた内務卿の伊藤博文に伝えた。

③伊藤は野村の文部省への報告と大きく異なる点を確かめるために、境とも野村ともつながりのあった杉孫七郎を派遣することにした。

というような経緯があったとは考えられないでしょうか。

杉の学校視察の理由

伊藤博文は、大久保利通の死後に内務卿の職を引き継ぎました。内務卿は内政全般を政務する役職であり、教育政策にも関与していたと考えられます。事実、明治天皇が学制以後の教育事情を憂慮して自らが教育方針を示した「教学聖旨」[16]については、文部卿の寺島宗則とともに伊藤に対しても示され、伊藤には意見も求められています。

我が国の教育制度を確立したことにおいて画期的な意義をもっていた「学制」は、反面、各地の状況を踏まえないまま欧米の制度を強制した形になり、負担を強いられた住民の大きな反発を招きました。このような情勢や当時の政治的・財政的状況から、全国画一的な学制を改めて教育を地方の管理にゆだねようとする動きが生じ、明治一二（一八七九）年に「教育令」が公布されました。これにより学区制は廃止され、小学校設置は町村が単位となり、設置の基準も大幅に緩和されました。

ところが、その緩和政策により、就学率が減少したり、廃校となる学校が出てきたり、校舎建築が中止されたりするなど、小学校教育が大きく後退する結果となったため、翌一三年に「改正教育令」が公布され、教育の国家統制や政府の干渉の強化による小学校教育の改善振興に方針転換が図られました。

杉孫七郎が伊藤の命を受けて義方校を訪れたのは、正に維新直後の教育政策が大きく揺らいでいた時期であり、地方教育の実情を確認するために、長州の旧知の官僚から耳にした義方校について、伊藤が大きな興味を持ったことは想像できます。

伊藤が初代内閣総理大臣となるのは、義方校に杉を派遣した六年後のことです。ですから、「扁額の由来」に書かれている「当時の内閣総理大臣　伊藤博文」は正しい表記ではありませんが、この方が通りがよさそうなので、そのままにしておきましょう。

杉 孫七郎
（Ⓒ宮内庁宮内公文書館 蔵）

四　西町校舎はさむらいやしき

寺町校舎から西町校舎へ

「銀学校」「鯱学校」として市内に名をとどろかせた寺町校舎も、児童数の増加に伴って次第に手狭になっていきました。開校当時、義方・知新両校を合わせて一〇〇名だった児童数は、明治二五（一八九二）年には約三七〇名、その五年後には四八二名にまで膨れ上がっています。しかし、寺町では校地を拡張して校舎を増築するだけの余裕はなく、校地を移転した上で、新しい校舎を建築することとなります。

【明治三二年】

五月二一日　校地ヲ西町ニ撰定シ校舎新築ニ着手

九月　三日　落成開校式を挙行ス　新築校舎ハ平家建、教室四職員事務室一ニ区画
両便所一棟、渡リ廊下一棟ヲ移転増築
宿直室及ビ湯沸場一棟ハ本校地内ニ在来ノ古家ヲ移転増築セリ
翌日、女児童ヲ移転セシメ教授ヲ開始ス

【明治三三年】

五月三〇日　西町校地女児童教室ノ裏ニ男児童ノ教室起工

一〇月一六日　竣工落成式ヲ行フ　校舎ハ教室四客室一ニ区画

翌日、男児童ヲ移転セシメ教授ヲ開始ス

新校舎は、寺町から少し離れた西町に建てられることになりました。西町が選定された経緯については詳しくはわかりませんが、沿革誌には「西町の官有地が本校に払い下げ」（明治二六（一八九三）年七月二五日）という記述が残っています。西町は藩政時代には武家屋敷が軒を連ねる地域でしたが、明治維新となり、武士（士族）がそれまでのような生活ができなくなったために、屋敷を手放したり、借地に充てたりするようなことが少なからずあったものと思われます。

すでに述べたように、米子の町はもともと城下町のつくりとして、現在は加茂川となっている米子城外堀の内側が武家の居住地で、外側が町人の居住地でした。米子での最初の学校として義方校と明道校ができた当初は、明道が士族の家庭を中心とした学校であったのに対し、義方は町人の家庭を中心とした学校だったようです。そして、その境界線は外堀でしたが、義方校二代目の校舎である西町校舎は外堀の内側に位置しており、以前であれば武士（士族）が居を構える地域でした。明治の世も三〇年を過ぎると、武士だの町人だのといったような意識は次第に薄れていったのかもしれません。

沿革誌によると、寺町校舎の校地面積が約一九〇〇㎡であったのに対して西町校舎は約四二〇〇㎡で、二倍以上の校地を有していました。ただし、

西町校舎（義方校 蔵）

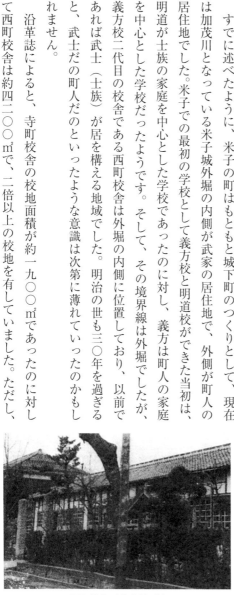

学校が購入した土地は約九〇〇㎡で、残りは池田侯爵（旧鳥取藩主の家系）[17]や士族の所有地を借りた土地でした。そのあたりの事情を記録した文章が、『百年誌』の中に収められています。

西町へがっこうがうつったのは、明治三二年ごろですが、あの学校のしき地は、わたしの家のあったところです。父が養鶏業をしていたのですが、米子の大水害にあって失敗し、坂口さんにお金をかりていてそれをかえすために売ったのでした。村河家のとなりが戸田家で、戸田家のあとをわたしの家がかっていたのです。わたしの家も荒尾の実家でしたが、鳥取に住んでいたので明治になってかえってきたのです。村河公のやしきと馬淵のやしきは、とても広かったので、学校をたてて運動場もとれたのです。

（『百年誌』「西町の校舎はさむらいやしき」より）

新校舎については、明治三二（一八九九）年にまず一棟を新築して女子教室に、翌年にもう一棟新築して男子教室に充てています。それぞれの棟に教室が四室ずつありますが、当時の尋常科は四年制だったので、一学年男女各一教室の割当でした。寺町校舎時代に建てられた雨天体操場は、まだ一〇年しか経っていなかったことから、それを西町に移転した上で増築することとなったようです。

こうして、教室棟二棟と運動場と雨天体操場を備えた西町校舎が、六六〇〇円余り（現在の価値でおよそ二億円以上）をかけて建築されました。

充実していく学校施設

その後、昭和二〇（一九四五）年に校舎が西町から角盤町に移転するまでの約半世紀が西町校舎時代になりますが、寺町の二倍以上の規模でスタートした西町校舎も、児童数の増加に伴い規模が少しずつ拡大されていったことが沿革誌からわかります。

明治三七年　九学級に編制。男児童二九六名、女児童三二二名、計六一八名
明治三八年　教員室を新築
明治三九年　第二商業補習学校を併置、職員室を増築
明治四〇年　二学年制高等科を設置する
明治四一年　高等科を廃し、六ヶ年制の義方尋常小学校となる
明治四二年　校地を拡張し、総面積一五四九坪となる
明治四三年　講堂新築竣工
大正　六年　二階教室その他新築落成
大正一一年　運動場三六〇坪を拡張。二階建て六教室を増築落成
昭和　八年　本校職員　校長以下一九名、児童数九〇八名、学級数一八
昭和一四年　講堂改築、校舎増築落成

開校当時には四学年しかなかった義方校に二年制の高等科が設置され、明治末期には六年制の尋常小学校となりました[18]。児童数も大幅に増え、昭和八（一九三三）年には各学年三学級で九〇〇名超の大規模校になりました。校地拡張や校舎増築も重ね、広さは建築当初の四二〇〇㎡から六三〇〇㎡まで大きくなっています。また、広いだけでなく施設も充実しており、「知新園」「見龍園」「遊鳳園」という三つの庭[19]、唱歌室（音楽室）、理科室、手工室（図工室・家庭科室）、講堂を有する立派な学校でした。しかし、計画的に規模を大きくしていったわけではなく、いろいろと弊害もあったようです。

> 義方校は数次の校地拡張を実行された結果、旧講堂が運動場の中央になって非常に不便であり且つ建物が古くなり狭いので、かねて校下有志各位から市当局へ進言されていたのですが、一方学級増加のため教室不足を来したので旧校舎（平屋建）を全部二階建に改築するという案も唱えられていたけれども取り敢えず旧教室二階建を増築する事に決し講堂と同時に昭和一三年三月起工される事になりました。
>
> （『八十年誌』「旧職員所懐」より）

この回想によれば、運動場中央の旧講堂（明治四三年建築）が古くなり、尚且つ位置も不便な場所にあったために新しい講堂を建てるこ

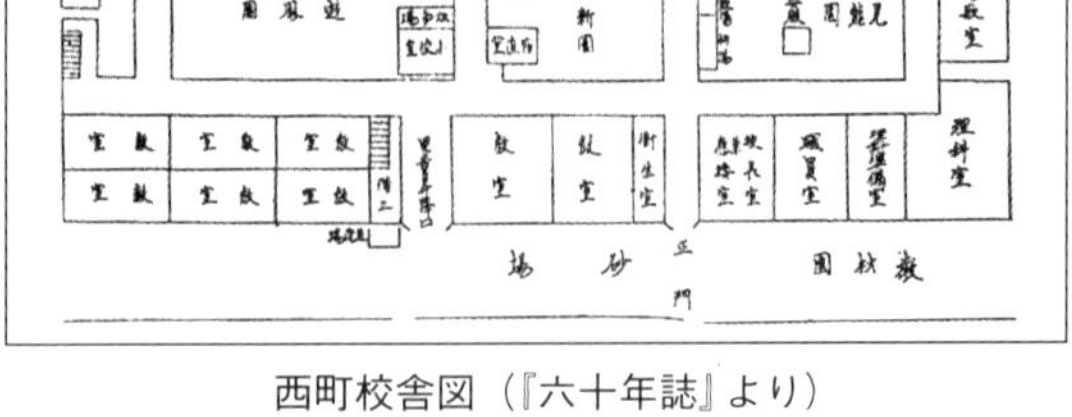

西町校舎図（『六十年誌』より）

とになったようです。沿革誌には「昭和一四年　講堂改築」となっていますが、記念写真にも「義方校新講堂より大山を望む」とあり、「講堂新築」が事実でしょう。

旧講堂も新講堂も、その様子がわかる写真はわずかしか残っていません。写真上は大正時代に行われた「節句の会」の様子、写真中は昭和初期の運動会の様子で、旧講堂の内部や外観がわかる数少ないものです。写真下は「新講堂より大山を望む」という説明があり、新講堂建築時の記念写真かと思われます。大正時代に拡張された広い運動場の様子をうかがい知ることができる貴重なものです。「県下一」とも「山陰一」とも言われた立派な新講堂だったようですが、その全容を確かめることのできる写真が学校に残されていないのは残念なことです。

節句の会（大正13年　義方校 蔵）

運動会（昭和10年　義方校 蔵）

新講堂より大山を望む（義方校 蔵）

五　校旗・校章の制定

校旗と校章旗

学校には校旗と校章旗というものがあります。辞書を引くと「校旗は、その学校の目印として制定した旗」と説明されていますが、学校現場では、綾錦織や琥珀織の旗生地に校章や学校名の刺繍が施され、周囲を金糸のフレンジで修飾された旗を指すことが一般的であるようです。その校旗を目にするのは入学式や卒業式などの式典が主であり、檀上の旗立台に厳かに設置されます。校旗を新調した場合は、入魂式[20]を行うようなこともあるほど重要なもので、普段は立派なケースに収められています。

一方、校章旗は、運動場の掲揚台に掲揚したり、体育館の壁面に掲示されたりするもので、普通の布地に校章が印刷されたものです。

ここで言う校章とは学校のシンボルマークですが、おそらく校章のない学校はないのではないかと思います。校旗、校章旗はもちろん、児童の名札、ランドナップの背面、体操服、最近では学校職員のポロシャツなどに使用されています。もちろん、多くの学校で校舎正面にも掲げられています。

ちなみに、ランドナップとは小学生の通学用ナップサックで、鳥取県

校旗

西部でしか使用されていない形状のカバンです。ランドセルとナップサックを掛け合わせたようなもので、他所でも似たような形状のカバンを使用している学校もあるようですが、当地のように小学生の通学用カバンに校章が使用されているのは、全国的にも珍しいのではないかと思います。

校章の制定

このようなシンボルマークは、学校の校章以外に、自治体の県章や市章、企業の社章などがありますが、いずれもその組織を代表するマークであり、組織統合の象徴であると言えます。これらのルーツはどこにあるかというと、「家紋」がそれにあたると言えます。

皇室の菊の紋章、徳川家の葵の紋章、豊臣家の桐の紋章などが代表的なものですが、私たち庶民の家にもそれぞれに家紋があります。家に紋章があるのは世界でも日本とヨーロッパ諸国だけで、どの家にも余すことなく家紋が存在するのは日本独自の文化だそうです[21]。

明治維新となり、学制頒布により全国に学校が創られていく中で、当初は学校に紋章を定めるということは行われておらず、校章が制定されるようになったのは、かなり経ってからのようで、義方校の校章は創立から三四年後の明治四〇（一九〇七）年に制定されました。

【明治四〇年】

五月　東宮殿下鳥取島根両県下御行啓アラセラルルニヨリ県令ヲ以テ小学校旗を制定セラル

其色ハ紫地ニシテ紋章ハ白色ナリ　本校旗ノ紋章ハ桜花ヲ用フ

東宮殿下とは皇太子を指します。明治期の皇太子、即ち後の大正天皇が山陰両県を訪れたことを機に、義方校の校旗が制定され、その旗の紋章として校章が定められたということがわかります。しかも、それは県令で定められています。制定の期日については、沿革誌には「五月」とあるだけで正確な日付は不明です。『米子市初等教育史』には「明治四〇年四月五日　東宮殿下の行啓があり、県会で小学校旗制定」とありますが、皇太子の行啓は五月に行われていることから、県令を県会としていることも含めて記述の誤りではないかと思われます。

同年の校旗制定は義方校の他に、行啓の休憩場所に利用された愛労尋常小学校（現 大篠津小学校）があります。同校の沿革誌では「五月一五日制定」とあり

多くの児童が利用している
校章入りランドナップ

成実小 校章

義方校 校章

箕蚊屋小 校章

ますが、この日は皇太子が同校を訪れた日であり、それを記念して校旗制定となったのであれば、義方校の校旗制定と一致しているかどうかはわかりません。残念ながら県令に関する記録は鳥取県公文書館でも確認できず、今のところ義方校の校旗制定の正確な期日は不明です[22]。

なお、校章に桜花が使われている学校は多く、市内小学校を確認すると、義方校以外では啓成、加茂、住吉、成実、箕蚊屋、福生西が明確に桜花だとわかります。

伝統的な家紋にも桜花が使われることはあるようですが、数で見るとごくわずかです[23]。それに対して、校章には桜花がよく使用されています。多くの学校で桜の木が植えられ、卒業式や入学式の頃に満開の花を咲かせる風景は、学校の大きな節目に欠かすことのできないものになっています。校章に桜花が多いのは、学校と桜の結びつきの強さによるものなのでしょう。

六　校訓と校歌

校歌の誕生

日本人であれば、大人になるまでにいくつかの校歌と出合います。筆者自身は転校や学校分離新設を経験しているため小学校で三つ、中学校で二つ、高校で一つの校歌と出合いました。

教職に就いた者であれば自身の学生時代に加え、勤務する先々の学校の校歌とも出合うことになり、多ければ二〇曲以上の校歌を覚えることになります。新たに学校に着任すると、覚えたての校歌を、着任式、始業式、入学式とたて続けに歌わなくてはならなくなり、体育館に掲げられた歌詞を見ながら、耳慣れないメロディーに乗せて必死に歌ったものです。

校歌を制定するということには法的な根拠はありません。別になくても構わないものですが、全国のどこの学校でも校歌は当たり前に制定されています。しかし、学校という制度ができた当初から校歌が制定されていたわけではありません。一般的に最も古い校歌と言われているのは、明治八（一八七五）に開校した東京女子師範学校（現 お茶の水女子大学）の校歌だと言われていますが、これは開校翌年の明治九（一八七六）年に、皇后（のちの昭憲皇太后）が下賜した和歌に曲をつけたもので、現在も、お茶の水女子大学校歌「みがかずば」として歌い継がれています。(24)

東京女子師範学校の例は別として、校歌を作成する学校が現れるようになるのは、公文書や教育雑誌の記事から判断すると、一八九〇年代のことだったようです。また、小学校についてはもっと遅く、明治時代に校歌を制定した記録は全国を見渡してもないようです。

　校歌は、その学校の教育方針を児童生徒や保護者、地域住民に浸透させていく役割を期待されていました。「校訓」や「母校精神」を歌詞に詠った校歌を児童生徒に歌わせることによって、教育的な効用が期待できるとする考えは、学校段階に関係なく、教育者らの間で広く共通した認識でした。

西古鶴寿校長が制定した校訓

　義方校には「義方　剛健　仁愛　進取」という校訓があります。校名が校訓となっている学校は珍しいと思いますが、この校訓は、大正一二（一九二三）年に西古鶴寿校長（第一四代）によって定められました。

西古校長は、明治一四（一八八一）年に現在の日野郡日野町黒坂に生まれ、鳥取県師範学校を卒業後に日野郡の小学校を歴任し、二四歳の若さで江尾尋常小学校の訓導兼校長に任命され、その後韓国に出向を命じられて在外邦人の教育に尽力しました。鳥取に戻ってからは郡視学を務めた後に義方校の校長に就任した経歴を持ち、新聞紙上で「県下教育界において稀に見る篤学の士」（「山陰日日新聞」大正一三年二月二七日）と謳われるほどの教育者でした。

　大正一〇（一九二一）年一一月に前校長の急な退職を受けて義方校に着任した西古鶴寿校長は、一年余りの間に校訓を定め、それをもとに作詞して曲をつけたものを「校訓歌」として完成させました。大正一二年四月一日には、初めて校歌がお披露目されています。

【大正一二年】

四月　一日　校歌制定朝礼の時合唱す

一　義方（序）男女　春俊爽の伯耆富士………（以下筆者略）

二　剛健　　　男　　朝ほのぼの霧はれて………（同）

三　仁愛　　　女　　夕御空の星影は………（同）

四　進取（結）男女　踏み行く道は異なれど………（同）

歌詞が四番まであることは今と変わりませんが、制定当初はそれぞれの歌詞の冒頭に四つの校訓が充てられていました。また、一番と四番は全員で、二番と三番は男女別に歌うようになっていたようです。そして、「校歌制定」とあるように、校訓歌は当初から校歌として位置づけられていたことがわかります。

四月一日の記事として「朝礼の時合唱す」とありますから、それ以前に児童に対しては発表された上で練習していたのではないかと推察します。校歌とそのもととなった校訓は、実質大正一一年度には形づくられていたものと思われます。この大正一一年度は義方校開校五〇年にあたる年であり、西古校長は五〇年を節目として、学校経営の柱となる校訓・校歌の作成に力を入れたのではないかと考えることができるでしょう。

また、義方校と同年に開校した明道校はこれに先立つこと一五年、明治四二（一九〇九）年にはすでに校歌を制定しており、郡視学として多くの学校を見てきた西古校長にとっては、義方校での校訓・校歌の作成が急務だと考えたことは想像できます[25]。

戦後変化した歌詞

大正一二年に発表された歌詞は現在の歌詞とは一部異なっており、その変更については沿革誌にも明記されています。『六十年誌』に掲載されている最初の歌詞は次のとおりです。

一　春俊爽の伯耆富士
秋錦繍の月の海
此景勝の地にありて
永久に歌はん義方の名

二　朝ほのぼの霧はれて
吾が行く道は開けたり
正義の剣意気の弓
高くかざして進まばや

三　夕御空の星影は
吾等が行く手示すなり
仁愛の光仰ぎつつ
いで同胞よ諸共に

四　踏み行く道は異なれど
教の勅かしこみて
赤き心のひたすらに
いざ勇ましく進まなむ

現在の歌詞は次のとおりですが、最初の歌詞と比べてみると、いくつかの変更点が確認できます。

一　春俊爽の伯耆富士
秋錦繍の月の海
この景勝の地にありて
永久に歌わん義方の名

二　朝ほのぼの霧はれて
吾が行く道は開けたり
正義の旗を堂々と
高くかざして進まばや

三　夕べみ空の星影は
吾等が行くて示すなり
仁愛の光仰ぎつつ
いで同胞よ諸共に

四　踏み行く道は異なれど
教えのまこと身につけて
赤きこころのひたすらに
高き理想に進まなむ

現在の歌詞と制定当初の歌詞を比較して、異なる部分に傍線を引きました。「正義の剣　意気の弓」が「正義の旗を堂々と」に変わっています。同様に、「教えの勅《みこと》かしこみて」が「教えのまこと身につけて」に、「いざ勇ましく進まなむ」が「高き理想に進まなむ」にそれぞれ変わっています。

歌詞が変更されたのは、昭和二四（一九四九）年一月一〇日です。終戦から三年半が経ち、六三制という新たな学制の実施、教育基本法の制定、教育勅語の廃止など、戦前の軍国教育の否定と民主主義

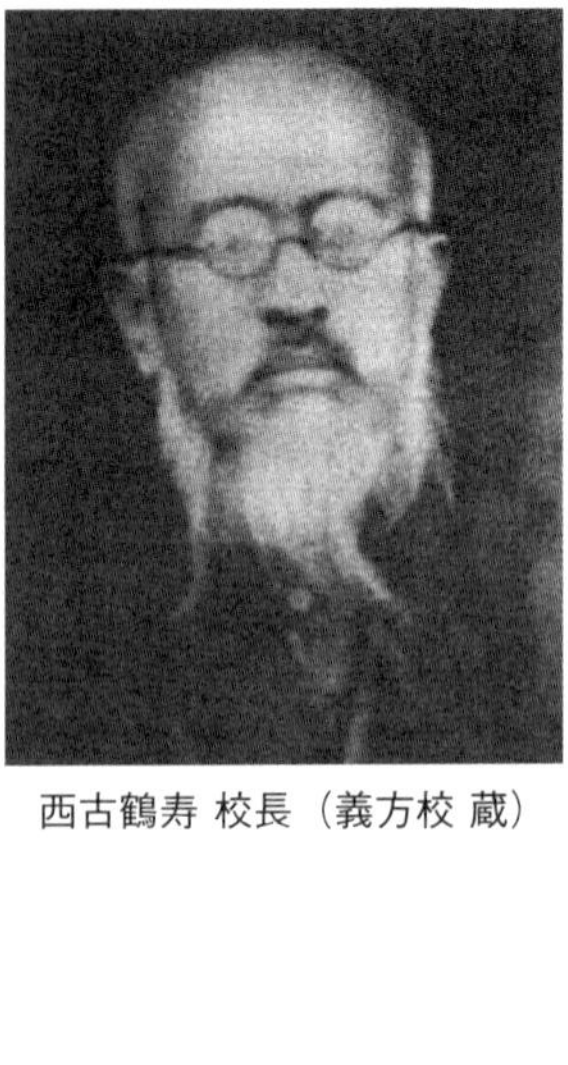
西古鶴寿 校長（義方校 蔵）

教育の推進という教育の流れの中で、それにそぐわない校歌歌詞の変更が行われたのだと思います。

「勅」は「みこと」と読みます。天皇が下す命令を「勅令《ちょくれい》」と言いますが、「みこと」は天皇などの偉い人の言葉という意味で、「かしこみて」は「恐れ多い」「謹んで承る」という意味があります。「教の勅」とは教育勅語のことであり、戦時中は教育勅語の下で多くの若者が命を落としていったという歴史があります。「死を恐れずに、天皇陛下のために勇ましく戦う」ことが求められていた時代であり、そのような思想と合致していた四番の歌詞は、戦後教育の中では受け容れ難いものだったのでしょう。

県内の小学校のホームページを確認したところ、戦後に「歌詞の一部改訂」とある学校が散見されます。戦前の教育の反省のもとに戦後の教育が再出発する中で、戦前に校歌を制定した学校の中には、戦後に歌詞を変えたところも少なくなかったと思われます。

校歌が映し出す情景

義方校の校歌は、戦前戦後を境にして一部歌詞が変わったとはいえ、大部分が制定当時のままに歌い継がれており、自身の子どもの頃の思い出と重ね合わせて懐かしく思う方は多いと思います。特に一番の出だしは昔から変わらないこの地の情景をよく表している歌詞であり、音楽家永井幸次（次項参照）によって作曲された軽やかなメロディーと相俟って、心象風景としての校歌が心に刻まれているのではないでしょうか。

「春俊爽の　伯耆富士　秋錦繍の　月の海　この景勝の　地にありて」で始まる校歌ですが、「春俊爽の伯耆富士」と「秋錦繍の　月の海」という対句が、雪解け間近の堂々とした名峰大山の雄姿と、月光の浮かぶ静かな中海の湖面の対比をよく表しています。[26]

「秋錦繍」とは、紅葉が錦の織物のように美しい様子を表す言葉ですが、「月の海」と表現された中海は米子の西側に位置し、夕陽が沈む様が海に錦を広げたように見えることから「錦海《きんかい》」と呼ぶこともあります。米子東高の校歌は「錦の海の東に」で始まりますし、高齢の方は中海よりも錦海という名に馴染みがあり、湊山公園も昔の呼び名の「錦公園《きんこうえん》」の方が通りが良いようです。

今では大きなマンションが何棟も建ち並ぶなど、義方校区の情景も変わりましたが、夕日が沈む時間帯に米子港のあたりに行ってみると、やはりここが景勝の地であることを実感します。

およそ一〇〇年間歌い継がれている義方校校歌には、校訓とともにそれぞれの世代の懐かしい風景が、卒業生一人一人の心の中に刻まれているに違いありません。

義方校近くの米子港
中海の向こうに伯耆富士（大山）を望む

七　校歌と永井幸次

鳥取が生んだ音楽家　永井幸次

先に述べたように、義方校の校歌は校訓歌として西古鶴寿校長によって定められました。校歌作成の経緯については『百十年誌』の中で、次のように紹介されています。

大正一二年四月、本校第一四代校長・西古鶴寿は、校訓として〝義方・剛健・仁愛・進取〟を定め、校訓歌を自ら作詞し、大阪音楽学校長・永井幸次（本県出身）によって作曲せしめ、校歌を誕生させた。爾来約六〇年、本校はこの校歌を親子三代に亘って歌い続け、校区民挙げて母校を想い、学校を愛し、小学生をいつくしみ、心を合わせるひとつの拠りどころとして今日を迎えているのである。(27)

（『百十年誌』「校名を校訓に生かして百十年」より）

義方校の校歌は「西古鶴寿 作詞　永井幸次 作曲」となっています。先の文章からは、西古校長自らが作詞をしたと読み取れますが、このような場合、職員で合議して校歌の歌詞を作った場合でも、代表者として校長名になることがあります。実際のところはわかりませんが、校訓を定めたのは西古校長に間違いないので、一人ですべての歌詞を作られた可能性も十分に考えられます。

作曲は永井幸次によるものです。永井幸次は鳥取県出身で大阪音楽学校（現 大阪音楽大学）の創立者ですが、郷土史家の篠村昭二氏が『鳥取県教育百年誌余話』及び『鳥取師範物語』の中で詳しく紹介しています。それをもとにして永井が音楽の道を歩んだ歴史を簡単にまとめてみます。

永井は明治七（一八七四）年に鳥取市で生まれました。五歳の時に県庁勤務の叔父からもらった『小学校唱歌集』が音楽との初めての出合いでした。

学制頒布から間もない頃は、音楽教育という教育分野はなく、それどころか明治一〇年代の前半頃までは学校で歌を歌うことは許されないようなことだったようです。明治一〇年代後半になって音楽が教育として認められるようになり、明治一九（一八八六）年には音楽が必修科目となります。

政府は、音楽を必修科目とする前に音楽の先生を養成するため、明治一七（一八八四）年に全国に募集をかけますが、〝音楽後進県〟であった鳥取県はそれに応じることはありませんでした。翌一八年に文部省から『小学唱歌集　第三編』が配布されましたが、県は鳥取市内の小学校に配布した以外は、若桜、成徳、養良、明道、義方、境、師範附属への配布に留めたようです。

この『小学唱歌集　第三編』以前にも『第一編』『第二編』が国から県庁までは下りていましたが、学校には配られることはありませんでした。永井が五歳の時に叔父さんからもらった『小学唱歌集』はおそらく第一編であり、それは日本で最初の音楽教材でした。鳥取が音楽後進県であり、最初の唱歌集が学校に配られなかったことで、永井少年と音楽との出合いが生まれたともいえるでしょう。

永井幸次（わらべ館 蔵）

七歳の時には、神戸から帰郷した伯父一家の影響で讃美歌に触れ、それをきっかけに教会でオルガンを演奏するようになりました。その演奏に音楽の才能を感じた教会の牧師から音楽家の道を勧められたのが一三歳の時です。

高等小学校を卒業した後は音楽の道には進まず、畑仕事の手伝いをする毎日でしたが、明治二五（一八九二）年に鳥取で行われた村岡範為馳　東京音楽学校長[28]の講演を聴き、「音楽は人を感動させるものである」という講演内容に感銘を受けて、音楽の道に進むことを決意しました。

講演から一ヶ月後には村岡を追って田村虎蔵[29]らとともに上京し、東京音楽学校で四年間音楽を学んだ後、永井は、明治二九（一八九六）年七月に静岡師範学校の教師となります。彼が勤務地に静岡を選んだのには二つの理由がありました。

一つめの理由は、東京からの近さでした。最新の音楽事情については東京に近くなくては得ることが難しく、鳥取のような場所ではまったく情報は入ってこなかったのでしょう。東京には東京音楽学校に入学していた同郷の岡野貞一[30]がおり、岡野を通して東京の事情を伝えてもらうことができていたようです。

二つめの理由は、静岡が楽器製造の盛んな地であったことです。ヤマハ楽器はキセル職人の山葉寅楠が浜松でオルガン修理を手掛けたことをきっかけに創業した企業ですが、永井は楽器修理の技術を山葉から学んでいたようです。

永井は、このように音楽環境のよい静岡で教師生活を送っていましたが、鳥取師範学校も永井の指導力を欲していました。高齢になった父の心配もあり、永井は帰郷する決心をし、明治三三（一九〇〇）年一二月に鳥取師範学校の教師となります。ピアノもないような環境の鳥取師範学校では、音楽の指導は大変困難でしたが、紙の鍵盤を使って教えたり、静岡で身に付けた楽器修理の腕を使って壊れたオルガンを使えるようにしたりして、鳥取における音楽教育に打ち込みました。

しかし、永井の後に着任した師範学校長が音楽教育に対して冷淡で理解がなかったことから、永井は鳥取を出て神戸の小学校や大阪女学校で音楽の指導に力を入れました。そして、自らの音楽教育を具現化するため、大正四（一九一五）年に大阪音楽学校を設立しました。

永井が作曲した校歌

鳥取県出身とは言っても、米子に縁のなかった永井がなぜ義方校の校歌を作曲することとなるのか。それは、校訓を定め、校歌を作詞した西古校長と永井との関係にあります。西古校長は明治三五（一九〇二）年に鳥取師範学校を卒業していますが、在学中は師範学校の教師だった永井を心の師として尊敬していました。

西古校長は永井の音楽の指導について「永井先生のドレミのソルファー教授も、音楽教授の嚆矢で、又度々作曲して見せられた」と評しています[31]。教授法もさることながら、その作曲の能力にも魅せられている様子であり、学生時分のそのような印象が、自らが作詞をして形づくろうとした校歌にメロディーを付けてもらいたいという思いにつながっていくのは自然なことだったのでしょう。

鳥取師範学校には、永井が去った後しばらくは音楽教師が着任しませんでした。そのため、永井は大阪に出てからも鳥取師範の生徒に頼られていました。明道校の三明太蔵校長[32]は、練習用オルガン一二台を大阪の楽器店から購入していますが、その仲介役を永井に頼んでいます。そのように永井と鳥取師範時代の教え子たちとは、永井が鳥取師範学校を去ってからも交流が続いていましたが、おそらく西古校長もそのような関係性を長年続ける中で、義方校の校歌制定という大仕事を、当時大阪音楽学校の創立者として関西における音楽教育の先頭を走っていた永井に頼むことができたのでしょう。

西古校長、三明校長に限らず、鳥取師範時代に永井の教えを受けた生徒が校長になり、自校の校歌を制定する際に、永井に曲を付けてもらいたいと願う者は次々に現れ、米子の旧市内四校のうち、義方校に次いで啓成校、就将校も永井が校歌に曲をつけるに至っています(33)。

校歌制定が全国の学校に広がっていく段階で、義方校が永井幸次に作曲を依頼したように、少しでも著名な音楽家や有名な学校に作成を依頼する事で、他校と差別化を図ったり、権威づけをしたりするようなことはあったようです。特に、我が国の音楽教育の頂点にあった東京音楽学校には全国から校歌作成の依頼が殺到したようですが、沖縄県と鳥取県の二県だけは依頼をした学校はなかったと記録されています。永井幸次をはじめ、田村虎蔵、岡野貞一といった東京音楽学校出身の著名な作曲家を輩出している鳥取県が、全国の学校が目の色を変えて校歌作成を依頼した東京音楽学校を無視しているのは、学校を通さなくても、郷土出身ということで、永井、田村、岡野といったビッグネームに個人的なつながりで依頼ができた環境にあったからだと思います。また、大阪音楽学校を設立した永井幸次が、鳥取県で積極的に校歌の作曲活動を行った背景には、東京音楽学校への対抗意識があったのかもしれません。

八　修学旅行のはじまり

筆者が校長として教員生活を終えた最後の年は、新型コロナウイルスへの対応に追われた一年だったことはすでに書きましたが、その様々な対応の中でも修学旅行の実施については大変な準備を要しました。そのことは後述することとして、ここでは義方校における修学旅行のはじまりについてお伝えしたいと思います。

修学旅行の始まり

全国修学旅行研究協会や日本修学旅行協会の資料[34]によると、修学旅行の始まりとされるのは、明治一九（一八八六）年に東京師範学校が実施した千葉銚子方面への「長途遠足」です。初代内閣総理大臣伊藤博文のもとで文部大臣となった森有礼が、富国強兵政策の中で学校への兵式体操を導入したことを背景に、師範学校では行軍訓練としての遠足が推奨されるようになっていきました。

東京師範学校では一一泊一二日の長途遠足を計画しますが、高嶺秀夫校長は行軍訓練に学術研究としての意義を加えて実施したことが報告書にまとめられています[35]。

今日本校ニ於テ始メテ生徒ヲシテ長途ヲナサシメラレタルハ一ハ兵式操練ヲ演習セシメ、一ハ実地ニ就テ学術ヲ研究セシムルノ目的ニ出ツ

（（公財）全国修学旅行研究協会『修学旅行の歴史』より）

高嶺は、気象調査、貝類採集、作図、写生などに軍事教練としての意味を持たせて長途遠足を実施しましたが、そうした背景には高嶺校長の経歴が深く関わっているようです。高嶺の出身地である会津若松市の資料では、彼のことを「近代教育の祖」と紹介しています。アメリカのオスウィーゴ師範学校に留学した高嶺は、ペスタロッチの「開発主義」を持ち帰り全国に普及させました。「開発主義」は子どもの能力を引き出していく教育なので、自らが校長を務める東京師範学校に軍隊的教育方法が持ち込まれることは不本意であったのでしょう。師範学校教育の趣旨に基づき、行軍旅行に学術研究の要素を持たせて「修学」旅行に変えた高嶺の行動については「教育者の意地を感じさせる」と評されています[36]。

では、鳥取県や米子市ではいつ頃から修学旅行が行われるようになったのでしょうか。

鳥取県では、明治二一（一八八八）年に鳥取師範学校が実施した鳥取から米子への徒歩による行軍が修学旅行の始まりとされていますが、全国各地と同様に、師範学校で行われるようになった修学旅行は次第に小学校にも普及していきます。県内の小学校では、倉吉の成徳小学校が鳥取師範学校の翌年にあたる明治二二（一八八九）年に鳥取への徒歩による修学旅行を実施しました。当時の修学旅行は「長途遠足」とも言われていたように、どんなに長距離でも徒歩によるものでした。

一日目は泊村、二日目は浜村温泉に宿泊し、三日目にようやく鳥取に入るという行程で、鳥取では市内全小学校の三・四年生と職員が道の両側に並んで迎え、関係者を含め三〇〇〇人の隊列が智頭街道を行進したという記録が残っています[37]。

米子では、この頃には修学旅行が実施された記録はありません。『米子市初等教育史』によると、沿革誌に初めて修学旅行らしき行事の記録が出てくるのは、明治三六（一九〇三）年に明道校卒業生が実施した卒業記念旅行ともいうべきものです。この前年に、境港と御来屋（現 大山町）の間に山陰で初めての鉄道が開通し、明道校の児童は鉄道を利用して名和神社を参拝したようです。

この頃には、修学旅行は兵式の意味が分離された上で教育課程に位置づけられ[38]、全国の学校で修学旅行が行われるようになり、明治の終わり頃になると泊を伴う旅行が小学校でも行われるようになりました。米子では、明治四二（一九〇九）年に「就将校修学旅行規定」が定められて、ここに初めて「修学旅行」という言葉が現れ、その翌年以降には、就将校、啓成校、明道校が美保関や出雲大社への一泊旅行を始めています。

義方校の修学旅行

では、義方校ではどうだったのでしょうか。実は、沿革誌に「修学旅行」という記述が初めて確認できるのは戦後になってからの昭和二五（一九五〇）年です。しかし、戦前に修学旅行がなかったかというと、そうではありません。『米子市初等教育史』には「大正九年松江城への修学旅行（義方校）」という写真が収められていますし、『百年誌』には「出雲大社までの修学旅行」と題した大正一〇年の写真が掲載されています。

戦前の義方校沿革誌は、施設、予算、人事などに記事の重点が置かれ、児童の教育活動はあまり詳細に記録されていない傾向があります。運動会や学芸会に関する記事もほとんど見当たらないので、修学旅行についても記録されていないのではないかと思います。

その代わりに、『百年誌』の中に卒業生の思い出として大正時代の修学旅行に関する記事がありました。卒業生の座談会記録が明治卒、大正卒、昭和（戦前）卒と世代別に掲載され、在学当時の思い出話が綴られていますが、大正時代の卒業生が当時の事情を語っています。

若原光五郎 氏（大正七年卒）は

「わたしのときは修学旅行はなかった。大正六年が終わって七年以後からだった。」

鹿島万喜雄 氏（大正九年卒）は

「修学旅行は大社で、玉造で一泊した。」

と語っています。この二人の話によると、修学旅行は大正七年もしくは八年に始まったことになります。

しかし、学校に保管されている写真の中に「大正四年義方小学児童の修学旅行~稲佐の浜にて~」という、出雲大社と稲佐の浜で撮影されたと思われる二枚の写真が残されています。これが正確なものならば、大正四（一九一五）年には義方校でも修学旅行が行われていることになりますが、若原氏の証言とは合わなくなります。座談会では、大山までの徒歩遠足の思い出も語られており、いわゆる「長途遠足」は

出雲大社への修学旅行（大正10年　義方校 蔵）

大正４年の修学旅行（稲佐の浜）と説明された写真（義方校 蔵）

それ以前からあったようですが、「修学旅行」の名のもとに実施されたのは、大正の初期であるということは言えるでしょう。

当時の旅行行程は、米子から大社まで鉄道を利用し、出雲大社を参拝した後に徒歩で湯町（玉造温泉）まで戻って一泊し、翌日は徒歩で松江まで行き、そこから鉄道を利用して米子に帰るというものでした。

修学旅行は、交通網の発達によってその姿を変えていきます。山陰で最初に鉄道が開通したのは前述のとおり明治三五（一九〇二）年の境港・御来屋間ですが、明治四五（一九一二）年には出雲・京都間が全通し、米子から列車での京阪神への移動が可能になりました。これに伴い大正時代にはすでに京都・奈良方面への修学旅行が明道校で実施され、昭和に入ってから就将校と啓成校も後に続いています。『米子市初等教育史』には「（関西への修学旅行は）義方校もこのころからであろう」とありますが、先に述べたように沿革誌にはそれに関する記述がないので定かではありません。

注

（1）鳥取県は廃藩置県によって、因幡・伯耆両国と隠岐国とによって鳥取県となったが、明治九（一八七六）年にいったん島根県に併合された。その後、地元の士族を中心とした熱心な再置運動が実って、明治一四（一八八一）年に隠岐島を島根県に残して再び鳥取県として分離された。寺町校舎落成時は、島根県に編入されていた時であった。

（2）境県令の訓辞の出典は『六十年誌』だが、『百年誌』では「鶯籠畜雀の譏を招くなからんことを望む」となっている。

（3）『六十年誌』には「明治一二年以前の通学区域は一説に天神町内町等、外堀以内の地域は明道校に属し、法勝寺町紺屋町四日市町等堀外は義方校に属したりとの事なるも、前記各町とも入学者ありたる事実を見れば区域画然と区別なく士族は明道校に町民は義方校に就学せる模様なり。」という記述がある。

（4）学校保護人とは、地域住民代表として学事用務全般の世話をする人のことで、鳥取県が独自に設置したものと思われる。『鳥取市教育百年史』によると、就学の督励、夜学の世話、校舎の営繕、設備の充実、学校財産の経営、学費の管理などが職務である。

（5）鹿島家は江戸時代後期に藩から米子城の四重櫓の修復を命じられ、全額を負担して石垣を含めた解体修理を行った。その功労に対して四重櫓のしゃちほこが下賜され、現在も鹿島家の庭に安置されている。

（6）長田家は長門屋の屋号で酒屋、質屋等を営んでいたが、江戸時代後期に長門屋秀次郎が茶店を創業して現在に至っている。秀次郎の子の喜平は、義方校初代校長の伊吹市太郎と親交があり、寺町校舎の建築委員長を務めている。

（7）後藤家は、江戸時代に海運、造船で財を成し、新田開発を行った。開発した土地には「上後藤」の名が付けられ、現在の町名と後藤ヶ丘中学校の校名にその名が残っている。明治中期の当主である快五郎は、私財を投じて鉄道建設に力を入れ、鉄道のまち米子の基礎を築いた。

（8）寺町校舎は義方校が西町校舎に移る明治三二（一八九九）年まで使用されていた。当時の米子の風景を写した写真は多く残っているので、寺町校舎を写した写真も残されている可能性はあるが、現時点では確認できない。

（9）内藤英雄先生は昭和三（一九二八）年二月から五年一一月まで義方校に勤務した。寺町校舎を描いた作品は義方校玄関に飾ってある。

（10）跡地に立てられた標識と同じものが、義方校の校長室前廊下に設置されている。

（11）新国隊は、維新期に鳥取藩が組織した歩兵隊。明治元（一八六八）年、因幡二十士の佐善修蔵、大西清太ら一三名が鳥取藩に帰参した際、歩兵取り立てを命じられ、新国隊と命名された。幹部が廻村して在中のものを募集入隊させた。はじめ鳥取周辺で募集を行っていたが、後に本拠を米子（一時淀江）に移した。入隊希望者は多く、一家の扶養を顧みず入隊する者もいたほどである。明治二年の「新国隊簿」によれば、隊員六一九名中、会見郡出身者が四〇％以上に達している。当時在中を帯刀し、新国隊だと称して、金を払わず飲食を行う者などが出現した。身分秩序の動揺がうかがえる。また、新国隊は、新政府の方針に対して不平をいだく攘夷派に同情的で、独自の動きを見せた。長州藩諸隊脱退騒動では、脱退逃亡者が米子の大西清太を尋ねて来ている。さらに河上彦斎らの挙兵計画では、隊長の山内治らが、関係して処罰を受けた。明治二年、第一〇大隊、同三年、第四大隊と名称を変え、同四年に解散した。（『米子・境港・西伯・日野　ふるさと大百科』より引用）

（12）松原家は姫路時代から池田氏に仕えた瓦師で、一〇代目松原仁左衛門は天保二（一八三一）年に米子の大工町に生まれた。日本海新聞（平成二一年七月三一日）の「近代史を飾った西部人物伝＃六〇」に、郷土史家の杉本良巳氏が松原仁作（仁左衛門）が制作した鯱について以下のように説明している。
「嘉永五年、米子城四重櫓の建て替えに当たり、米子城瓦棟梁の松原家に瓦の御用命が下った。仁作は同年八月七日から人夫数十人を雇って櫓の瓦を下ろしはじめ一週間で終了。翌年一月二八日から深浦で土採り、二月五日から製造、八月までに焼き上げて八月二日から葺き始め、一〇月一一日に葺き終わる。また鯱瓦の製作も始め、現在試作品と実際に納めた二対の鯱瓦が山陰歴史館と義方小にそれぞれ残されている。」

なお、山陰歴史館の鯱には「嘉永五壬子月日　十代目　松原仁左衛門作之」とあるが、義方校の鯱には「嘉永六癸丑歳六月一八日　九代目　松原仁左衛門」とある。試作品は十代目によるものだが、納められたものは先代によるものと思われる。

（13）公益財団法人 山口県ひとづくり財団『山口県の先人たち』を参照。

（14）『鳥取県教育百年史余話 上巻』によるが、文部省への報告の出典は記載されていない。

（15）境二郎（一八三六～一九〇〇）萩藩士。旧名斎藤栄蔵。吉田松陰門下。江戸に出て塩谷宕陰に学び明倫館教授となった。長府・徳山両藩世子指導役を務め、萩藩の忠節事蹟編纂にも携わる。一八七二年より滋賀県参事、島根県県令等を歴任。晩年萩に退いて松下村塾保存会をつくった。（『幕末維新人名事典』から引用）

（16）明治天皇は、明治一一（一八七八）年の夏から秋にかけて地方を巡幸し、各地の教育事情を視察したところ、思うように教育施策が進んでいないことが明らかとなった。天皇は文教政策の振興の必要を痛感し、政府の国民教育に関する根本精神を明らかにし、教学の本義がいかなるところに存するかを元田永孚に起草させ、明治一二（一八七九）年八月に寺島宗則と伊藤博文に天皇から示された。

（17）鳥取藩最後の藩主である池田慶徳は、徳川斉昭（水戸藩主）の子で、一五代将軍徳川慶喜の異母兄にあたる。慶徳の子の輝知が廃藩後に侯爵となり、池田家は華族となった。

（18）学制以来、小学校は尋常小学校四年、高等小学校四年、合わせて八年の学校であったが、明治一九（一八八六）年の小学校令において尋常小学校を義務制とすることを明確に規定した。明治四〇（一九〇七）年に義務教育年限が二年延長されて、尋常小学校六年、高等小学校二年となった。

（19）「知新園」「見龍園」「遊鳳園」は奉安殿の建築に伴って造られた中庭であり、詳細は第三章二項で説明している。

（20）沿革誌には「昭和一八年三月一〇日　新校旗入魂式、旧校旗告別」と記録されているが、現在の校旗は当時のものではなく新調されたものである。

（21）『ヨーロッパの紋章、日本の紋章』によると、西洋の紋章学でいう〝紋章〟はヨーロッパと日本だけにしか存在しないもので、しかも両者は全く別個に発生し、それぞれ独自のシステムを編み出して発展したということである。

（22）大篠津小ホームページでは、校章の制定は「創立八〇周年を記念して（中略）校章選定委員会の協議を経て」と説明されており、明治四〇年の校章は現在のものと異なるものであると考えられる。義方校の校章は明治四〇年以来変わっていない。

（23）『日本の紋章』を参考にした。

(24)『お茶の水女子大学百年史』には「明治八年一一月二〇日に皇后から「みがかずば玉もかがみもなにかせん　学びの道もかくこそありけれ」という歌を賜った。この歌は、一一年一〇月に伺を経て、式部寮雅楽課二等伶人東儀季熙（のちに一等伶人となる）の譜により、校歌として歌われるようになった。曲は「学道」という壹越調律旋のもので、墨譜であったが、のちに五線譜となり、「みがかずば」と称するようになった」とある。歌としては明治一一年に成立しているが、その時には「校歌」としての位置づけはなかったので、「みがかずば」を日本最古の校歌とすることに疑問をもつ研究者もいる。

(25)明道校の校歌は校訓歌として明治四三（一九一〇）年に作られ、文部大臣に宛てて校訓歌検定を出願している。そして、三年後の大正二（一九一三）年に認可されている。義方校の校訓歌については認可手続きを取った形跡はない。また、明道校校訓歌の認可になぜ三年も要したのかも不明である。

(26)義方校の校歌で「春俊爽の伯耆富士」と歌われる鳥取県の名峰「大山《だいせん》」は数多くの学校の歌詞に登場する。米子市内の小学校二三校では「大山」と歌われるのが一七校、大山の別名である「伯耆富士」が四校、「大神山」が一校で、歌詞に大山が歌われていないのはただ一校である。

(27)『百十年誌』四七二～四七三頁「昭和五七年度米子市・松江市合同校長会への提出研究資料」より／「校名を校訓に生かして百十年～校歌で心を通わせ合う義方校」

(28)村岡範為馳は明治初頭に政府の要請によって鳥取藩から留学生としてドイツに派遣された。物理学を学んだが、音楽教育にも造詣が深かったことから東京音楽学校長に推挙された。

(29)田村虎蔵は岩美郡馬場村（現　岩美町）出身の作曲家である。明治二五（一八九二）年東京音楽学校予科に入学、卒業後は兵庫県師範学校、東京音楽学校などで勤め、「子どもの歌は子どもの言葉で、歌いやすい音域で歌って楽しくなるような旋律でなければならない」との信念のもとに親しみやすい多くの唱歌を作曲した。「きんたろう」「だいこくさま」「はなさかじじい」は代表曲である。

（『童謡・唱歌とおもちゃのミュージアム　わらべ館ホームページ』を参照）

（30）岡野貞一は邑美郡古市村（現　鳥取市）出身の作曲家である。明治二八（一八九五）年に上京し、九月には高等師範学校附属音楽学校（現　東京芸術大学）予科に入学、翌年本科に進む。在学中は、音楽学校進学を勧めてくれた永井幸次らと一時同居していた（永井は明治二九年に卒業）。音楽学校の指導者となってからは、文部省から小学校唱歌教科書編纂委員を命じられ「尋常小学唱歌」等の編纂に携わり、多くの唱歌を作曲した。「ふるさと」「春が来た」「春の小川」「おぼろ月夜」などは今も歌い継がれている。

（『童謡・唱歌とおもちゃのミュージアム　わらべ館ホームページ』を参照）

（31）『鳥取師範物語　下巻』に、永井幸次と西古校長の子弟関係が描かれている。

（32）三明太蔵は明道校第六代校長である。『明道校百年誌』には三明校長について「頭脳明敏、精到なる手腕をもって画策経営、明道教育の理論体系を確立し、これに基づく教育実践に努め、その実績大いに挙がる。（略）三月六日の『母の日』は校長の創案にかかり、これを道徳教育の礎として訓育の振興を図る。」とある。明道教育の礎を築いた校長である。

（33）明道校だけは、当時の三明太蔵校長が高価なオルガン購入契約の仲介を頼むほどの深い関係を永井と持ちながら、永井には作曲を頼んでいない。校歌自体は明道校が四校の中で最初に制定をしているが、曲譜があまりよくなかったのか、昭和二（一九二七）年に米子高等女学校での講演のため米子に宿泊していた山田耕筰を訪ね、校歌の作曲を依頼した。『明道小学校一二〇年誌』に収められた野坂享蔵氏（第二代育英会長）の「校訓歌と校歌」によると、「三明先生は、好機逸すべからずとその晩山田先生のお宿、岩佐旅館をたずねられ、校訓歌の新しい曲をお願いされました。山田先生は晩の食事を終えられたところで、少し赤い顔をされていたそうですが、三明先生のお願いを心よく承諾され、楽器も何もないので、ご自分で口笛を吹きながら、五線紙にお玉杓子をすらすらと書いてくださったとのこと」とあり、その曲は今も明道校の校歌として歌い継がれている。三明は他の三校の後塵を拝することを嫌って永井に校歌作曲を頼まず、さらにネームバリューのある山田に作曲を頼んだのだった。

(34)『(公財)全国修学旅行研究協会公式サイト』「修学旅行の歴史」と『(公財)日本修学旅行協会公式サイト』「修学旅行の歴史~修学旅行はなぜ生まれ、どう進化を遂げてきたのか~」(竹内秀一 著)を参考にした。

(35)高嶺は「長途遠足報告書」にその目的を兵式操練と学術研究としている。九九名が参加し、一二日間の日程で習志野練兵場等を経て銚子方面へ、鉄砲を携帯して徒歩遠足した。発火演習、散兵演習、学術演習として気象調査、介類採集、作図、写景、学校参観等の実習をしている。(『全国修学旅行研究協会公式サイト』参照)

(36)高嶺の略歴については、会津若松市ホームページの「あいづ人物伝」を参考にした。「教育者の意地を感じさせる」とは『学校は軍隊に似ている~学校文化史のささやき』「修学旅行に行こう」で著者 新谷恭明(九州大学教授)が評している。

(37)当時の様子については『成徳小学校創立百周年記念誌』に「初めての修学旅行」と題して詳しく書かれている。倉吉~鳥取間の徒歩による七泊八日の小学生の大旅行については「恐らく全国でも初めてであり、また最後であろう」と言われている。同誌には、修学旅行を引率した太田松太郎訓導の「修学旅行略記」も収められており、八日間の旅行の様子が詳しくわかる。

(38)初代文部大臣森有礼が学校への兵式体操導入を奨励したことにより、「長途遠足」には行軍訓練という側面があった。しかし、明治三四(一九〇一)年の文部省令により兵式体操は「体操科」の中に位置づけられ、修学旅行からは行軍訓練の要素はなくなった。

第三章　戦前の義方校

一　義方少年団の活動

戦前の少年団活動

戦前の義方校における特色ある教育活動の一つとして、「少年団活動」を挙げることができます。今では、少年団というと野球やサッカーなどの「スポーツ少年団」を思い浮かべますが、戦前の日本では、少年団とはイギリスに起源をもつボーイスカウト運動の影響下で成立した特定の少年団体を指していました。全国各地に生まれた少年団は、昭和一二（一九三七）年には一二三一団体を数えるに至っていますが、近世の農村社会の子ども集団にルーツを持つもの、武士の子弟教育にルーツを持つもの、学校教育と強く結びついたものなど、さまざまな形の組織があったようです。

少年団に強く影響を及ぼしたボーイスカウト運動は、「誓い」と「おきて」[1]によって集団への帰属意識を持たせ、小集団指導法による野外活動によって子どもたちに市民性を培うという教育活動です。二〇世紀初頭にロバート・ベーデン・パウエルというイギリス人によって始められました。我が国には大正時代に入ってきましたが、イギリスの流儀をそのまま受け入れるのではなく、それまでに存在していた各地域の子ども集団や教育方法をベースとして、各地域で特色のある少年団が次々に生まれました。

そのような全国各地の少年団を取りまとめる形で、大正一一（一九二二）年に少年団日本連盟が結成されました。また、大正一三（一九二四）年には水上訓練を中心とした海洋少年団の全国組織として、大日本東京海洋少年団[2]も結成されました。

義方校では、昭和三（一九二八）年にまず海洋少年団が結成されています。

> **【昭和三年】**
> 五月二七日　義方海洋少年団創設　天満宮ニ於テ結団式挙行

当時、県西部では淀江海洋少年団と就将海洋少年団が結成されており、義方海洋少年団はそれらに続くものでした[3]。海洋少年団に関する記録は、沿革誌にある右記の一文しか残されていませんが、同年には神戸で行われた海洋指導者実習所に義方校の二名の教員が参加した記録が残っています[4]。

義方少年団の結成

義方校の少年団活動が大きく変わるのは、松田哲校長（第一五代）が着任してからです。松田校長は前任校の渡尋常小学校（現　境港市立渡小学校）でも教育の中に少年団活動を取り入れた学校経営を行っていましたが、義方校でも着任早々にその姿勢を明らかにします。着任三ヶ月後の昭和八（一九三三）年七月には海洋少年団を少年団に組織改編した上で少年団日本連盟に加盟し、翌月には大山で行われた県連盟主催の野営に参加しています。

【昭和八年】
七月　五日　少年団日本連盟ニ加盟　番号一一四二号
八月一六日　本校少年団鳥取県少年団連盟野営ニ参加シ、大山道場ニ於テ澄宮殿下ノ検閲ヲ受ケル。

記事文中の「澄宮殿下」とは昭和天皇の弟である三笠宮崇仁親王のことですが、昭和八年八月に鳥取県全域を訪問しています。大山を訪れた際に、近くで訓練をしていた少年団を視察したようで、おそらく初めて野営訓練に参加した義方少年団にとっては、忘れられない訓練になったものと思われます。

それまで海洋少年団として活動していた義方校の少年団でしたが、松田校長は、着任早々に海洋少年団を少年団に改編しています。その理由を松田校長は次のように述べています。

私の赴任前に義方海洋少年団が設置されて居りましたが、少年団教育の本筋としてはボーイスカウトの真髄を体得して、然る後に特殊教育（シースカウト、エヤースカウト、何々クラブ＝４Ｈクラブもこの中にある）に発展していくべきもので、殊に尋常小学校では基礎的な所から出発するのがよいと考え一時「海洋」を預かりおいて普通の少年団即ちボーイスカウトを創設し義方少年団として少年団日本連盟に加盟しました。

（『八十年誌』「旧職員所懐」より）

少年団活動に深く関わってきた松田校長は、少年団が基礎であり、海洋少年団は特別な活動をしている組織であるという認識を持っていました。しかし、少年団に改編した後も海洋少年団の訓練に少年団として参加している記録が残っており、そのあたりは団の事情に応じた柔軟な活動が認められていたようです(5)。

この頃の少年団日本連盟では、地域主導の少年団を目指す勢力と学校主導の少年団を目指す勢力との対立が起こっていました。社会教育本来のあり方からすれば、少年団活動は学校教育から切り離されて行われるべきなのでしょうが、多くの地域や多くの子どもたちに普及させるという点では学校教育の中に取り入れることが有効です。本来のあり方を目指す人たちと活動の普及を目指す人たちとの間に大きな考え方の違いが生まれたようです。

しかし、そこに国が関わってきたことで問題が大きくなります。文部省は昭和七（一九三二）年に、学校少年団の新設や既設少年団の学校少年団への変更を求める文部大臣訓令を発令したのです(6)。国が学校少年団を奨励した理由は、少年団活動が子どもたちの自発性や集団性を基礎としながら結果的に国家目的に奉仕させる「優れた」方法論だったからです。それは即ち戦争を遂行するのに都合の良い仕組みであり、そのことを最も明確に証明したのがナチスドイツのヒトラーユーゲント(7)でした。

松田 哲校長（義方校 蔵）

松田校長の少年団教育

訓令を受けて学校少年団設立の動きは加速しました。そして、昭和一〇（一九三五）年には少年団日本連盟とは別に、政府の意を汲む学校少年団で組織された帝国少年団協会が結成されることになります。

松田校長が立ち上げた義方少年団は、すでに本流である少年団日本連盟に加盟し、その方針に従って活動していました。文部大臣訓令を受けて結成された学校少年団の多くは、指導者の立場となった教員が、その方法論について研修を受けてから実践に移していったようですが、松田校長は社会教育の指導者としての経験も豊富で、少年団（＝スカウト活動）の方法論にも精通していた人物だったので、義方少年団は学校少年団という形を取りながら、本来の少年団のあり方に則した活動が行われていました。帝国少年団連盟が結成された時にも、義方少年団は少年団日本連盟から離脱することなく、むしろ本流としての活動を一層進めており、それは昭和一〇年に開催された第三回米子市初等教育研究発表会で示されています。

米子市初等教育研究発表会は、昭和七（一九三二）年に第一回が開催され令和の現在も回を重ねている、県内で最も歴史と伝統のある研究発表会です。米子市の小学校教員で構成される自主的な研究組織である米子市初等教育研究会（現在は米子市小学校教育研究会）が主催し、輪番で自校の特色ある教育活動を発表する場となっています。

当時は明道、義方、啓成、就将の旧市内四校が輪番で発表しており、義方校は第三回において「少年団教育」というテーマで初めての研究発表を行いました。[8]その時の研究内容については、『六十年誌』に詳しく記録されています。

■研究内容（抜粋要約）

・当時の時勢の急激な推移により社会的環境がますます複雑多様になってきた。このため、児童生徒の心身の健全な発達を妨げることがないように、文部省の訓令に基づいて、少年団体を組織し、学校を中心として児童生徒の校外生活を指導し、進んで社会生活に関しての訓練を実践した。

・義方少年団の訓練課目

（1）精神訓練　宣誓、おきての実行、遙拝、神社参拝、聖域掃除、忠君愛国、敬神崇祖の精神を涵養すること

（2）身体訓練　体操、遊戯、武道、水泳、競技、球技、早起会等により身体の訓練

（3）団体訓練　国旗掲揚、団体行進、合同体操、歌謡斉唱、共同作業、共同貯金、団体送迎、記念日行事、災害救助予防

（4）奉仕訓練　軍人家族慰問、援助、不遇者同情、公園道路の掃除、水上陸上救急作業、交通整理、公共団体の援助、名所旧跡保存管理、一日一善奉仕

（5）規律訓練　服装、装具点検、規約励行、交通道徳励行

（6）技能訓練　結索、救急法、自転車、手工、信号法、避難法、救助法、患者運搬、野営法、地図用法、短舟操

大山道場での訓練の様子（義方校 蔵）

法、帆走法
（7）勤労訓練　野営生活、徘駆、遠漕、当直作業、労力奉仕、産業実地訓練
（8）自然研究　天体、気象、潮流、地質、鉱物、植物、自然現象の研究
・少年団では前記各科目の訓練をし、生活指導を行うために、児童を七人位の班編成として自主活動をするように導いた。
・少年団による研究発表、実地訓練が研究発表の中心に据えられた。

「少年団日本連盟諸規定　昭和一〇年度版」には、「幼年健児特技章規定」として、習得すべき様々な技能が例示されています[9]。上記の訓練内容と一致する項目もあれば、そうでないものも多く見られます。おそらく、連盟の規定を参考にしながら、学校教育の中で行う訓練の内容を、研究する中で体系化していったものと思われます。訓練内容は、現在のボーイスカウト活動においても行われている項目が大半ですが、精神訓練や奉仕訓練に見られる項目は戦前特有のものと言えます。特に、神社参拝や傷痍軍人・軍人家族への慰問等は戦時体制が強まる中で回数も増えていったようです。

研究発表会当日には、大日本少年団連盟（昭和一〇年に少年団日本連盟から改称）理事長の二荒芳徳伯爵[10]が来校

講堂で講演する二荒伯爵
（義方校 蔵）

し、講演を行っています。この年は、帝国少年団協会の設立によって、本流である少年団日本連盟が危機感を強めていた頃でした。学校少年団とは一線を画す少年団日本連盟は大日本少年団連盟と名称を変え、本来のボーイスカウト訓練法をアピールすることを目的として、八月に東京の東村山で五日間にわたり全日本少年団大野営を開催します。
全国から一七四団二九四〇名を集めた大イベントでしたが、義方少年団もその輪に加わっています。代表児童を校長先生自らが引率して、東京まで連れて行くという熱の入れようでしたが、その大野営の時に、二荒理事長と義方校との関わりが生まれたのではないかと思われます。

少年団東京合同訓練に出発する義方少年団
（義方校 蔵）

盛んだった野営訓練

数ある訓練の中でも、特に力が入っていたのは野営訓練でした。野外活動に必要なテントや飯盒炊飯などの用具も取り揃え、大山や皆生海岸などを中心に訓練を重ねていたようです。後年、松田校長は当時を振り返って次のように述懐しています。

之亦後援会や各父兄方の深き御理解と多大な御援助、先生方の昼夜不休の奉仕によって天幕炊具、訓練用具、制服等を製作完備し、大山に、皆生に、出雲浦に、東京大野営に、日光北陸のキャンプ旅行にいつも天神様の神前で入魂式を行った団旗と名和公誠忠の大幟を押し立てて大に気を吐いたものです（二〇年後の今日もこれ等の天幕用具等が大切に保存され活用されつつあることは感謝に堪えません）。

（『八十年誌』「旧職員所懐」より）

当時、松田校長とともに少年団活動を教員の立場で引っ張っていたのは吉田繁栄教諭（当時は訓導）でした。『百年誌』には、座談会の中で吉田教諭が当時の思い出話を語っている記事が綴られています。

・研究発表も少年団を中心にして行なった。三島先生をよび、ただす山を本陣とし、灘の荒神、内町、天神さんの四つに分かれて訓練をした。隊の名前は、乃木隊、名和隊（名和公の紋[11]）、菅原隊（梅鉢）、東郷隊とし、三指の礼[12]で盛んであった。

・少年隊は六角の棒を持ち、研究会なども四つの隊に分かれて閲兵などもした。

（『百年誌』「戦中戦後の義方校」より）

少年団活動が盛んに行われたのは西町校舎の時代ですが、そこから紀神社のある〝ただす山〟に繰り出し、校区内の広範囲にわたって訓練が行われていたようです。

大山での野営訓練　梅鉢の幟が見える
（義方校 蔵）

隊の名前が乃木隊、名和隊、菅原隊、東郷隊となっていますが、乃木希典（日露戦争時の陸軍大将）、名和長年（後醍醐天皇を支えた忠臣）、菅原道真（天神さま）、東郷平八郎（日露戦争時の海軍大将）に由来しています。日露戦争の勝敗の評価は分かれますが、当時の日本にとっては大国ロシアを打ち負かした栄光の記憶であり、その指揮を最前線でとった乃木・東郷の両大将は子どもたちの英雄であったからこそ、南北朝時代の忠臣や学問の神様と並んで乃木、東郷の両大将の名が付けられたのでしょう(13)。

戦争と少年団教育

義方校の二回目の初等教育研究発表会は昭和一五（一九四〇）年三月の第七回で、「健児道に立脚せる興亜臣民教育」という研究主題で開催しています。この年は太平洋戦争開戦の前年で、「興亜臣民教育」という言葉に表れているように、前回の研究発表よりも皇国思想が少年団活動の中に色濃く反映されるようになっていました。

■研究内容

義方少年団のおきて十ヶ条を軸に、教育の理念は忠孝一本にしぼって進めた。

（略）

宣誓の一つ、人の為、世の為、国の為につくす、に表現されているように、教育に関する勅語や歴代天皇の名前を覚える学習から、神や天皇を崇拝する教育が重点であった。出征兵士の見送りや慰問袋の作成も大事な仕事であったが、一方では、草なぎのつるぎやいなばの白兎、二つの玉など、神話ものの劇化により心情を育てるという意図もあり、それを通して、義方少年団の意志は高く、結束も固かった。錦公園や美保湾の水泳で児童達は、忍耐力を養い、皇国の少国民として鍛えられていった。

（『百十年誌』「義方校で開催した米子市初研の記録」より）

この時期、社会教育としての少年団活動を大切にして少年団日本連盟から名を変えていた大日本少年団連盟、学校教育に少年団活動を取り入れるために国の主導によって結成された帝国少年団協会と、青年団の組織である大日本連合青年団という三つの青少年団の全国組織がありました。しかし、当時同盟を結んでいたドイツの少年団組織であるヒトラーユーゲントが、ドイツ青少年団としての一元的組織だったことに影響され、日本の青少年団も太平洋戦争が始まる昭和一六（一九四一）年に三つの組織が大日本青少年団として統合されます。

義方少年団もこの大日本青少年団に組み入れられることになり、戦争が激しくなっていく中で、ますます学校教育と社会教育の境目が曖昧になり、少年団活動も軍国教育としての側面が強まっていきました。

【昭和二〇年】

六月二〇日　学徒隊結成式を挙行シ、従来ノ義方青少年団ハ発展解消シ、新ニ米子市義方国民学校学徒隊ト称シ、本日以後其ノ趣旨ニ基ヅキ活動スルコトトナレリ

そして、終戦を二ヶ月後に控えた昭和二〇（一九四五）年六月に大日本青少年団は学徒隊と名を変え、戦

争を遂行するための義勇隊としての性格を一層強めていくのでした。それは、もはや「他人のために尽くす」というスカウト活動の本質からはかけ離れ、戦争の遂行を助ける組織となってしまったのでした。少年団活動が子どもたちの自発性や集団性を基礎としながら結果的に国家目的に奉仕させる「優れた」方法であるということが証明される結果となったのです。義方国民学校学徒隊結成前後の活動については、第六項「義方小と戦争」の中で詳しく述べたいと思います。

二　御真影と祝日儀式

御真影の役割

戦前の沿革誌にはたびたび「御真影」という言葉が出てきます。御真影とは、明治天皇以降の天皇・皇后及び皇太子以下の皇族の肖像写真の通称です(14)。明治維新となり、徳川将軍が治める世の中から天皇が治める世の中に変わったことを、国民の隅々まで周知させるには、天皇の姿を広めていくことが必要であり、そのツールとして御真影が使われました。

当初は、政府諸機関や軍の施設、主な官立学校に限定して御真影は下付されていました。徐々に下付される範囲は広がり、学校においても公立中学校、公立高等小学校にまで下付申請資格が拡大していきました。

当時、御真影は各学校の自発的な申請に対して、文部省が地域の模範的な学校であると認めた学校に下付されるものであり、すべての中学校や高等小学校に下付されたわけではありませんでしたが、この申請資格範囲の拡大は、初代文部大臣である森有礼の考えによるものでした。森は、子どもたちに国家への帰属意識を育成する有力な手段として、国家の祝日に学校の教育活動の一環としての祝賀儀式を行う必要性を説きました。そして、その儀式の中で御真影を礼拝することで、子どもたちに臣民として皇室を敬う気持ちを育て、天皇中心の国家を教育の立場から築いていこうとしたのです。

森が公立中学校まで下付申請資格を拡大したのは明治二〇（一八八七）年のことで、それが高等小学校にまで拡大されたのは森の退任後の明治二二（一八八九）年のことです。これは大日本帝国憲法の制定（明治二二年）と教育勅語の発布（明治二三年）とほぼ同時期のことで、天皇中心の国家を作っていく大きな流れの中で、御真影にも重要な役割が与えられたことがわかります。

しかし、子どもたちに皇室を敬う気持ちを浸透させていくには、学校儀式の実施と御真影の下付とを尋常小学校にまで下ろしていくことが必要でしたが、それは不可能でした。下付される御真影は本物の写真でなくてはならず[15]、複写は認められていませんでした。この頃は写真の焼付けにはかなりのコストがかかり、下付の範囲を学校数の多い尋常小学校にまで広げるには莫大な予算が必要だったのです。

文部省からの強い要請で、宮内省がようやく御真影の複写を認めたの

御真影（山陰歴史館 蔵）

は明治二五（一八九二）年のことで、これにより全国の小学校に御真影が行き渡ることになります。義方校沿革誌に初めて「御真影」の文字が現れるのもこの年でした。

【明治二五年】
一二月一五日　御真影複写ヲ拝受ス

沿革誌には明確に「御真影複写」と書かれており、拝受する側も「複写」と意識していますが、複写の下付は大正五（一九一六）年で終了し、それ以降はすべての学校に複写ではない「御真影」が下付されるようになります。これは、写真技術の向上によって安価に焼き付けができるようになったからでした。

御真影と祝日儀式

御真影の複写が認められる前年の明治二四（一八九一）年には「小学校祝日大祭日儀式規程」が制定され、御真影の礼拝、教育勅語の奉読、式歌の斉唱などの祝日儀式の基本形が定められました。これは森有礼の「学校教育を通して皇国思想を子どもたちに浸透させていく」という考えを小学校にまで広めていくことに他なりませんでした。そして、儀式を通じてそれを徹底するためには、御真影を小学校に下付することは絶対に必要なことでした。

「小学校祝日大祭日儀式規程」によると、当初は一月一日を加えた祝祭日すべて[16]で何らかの儀式を行うこととされていたようですが、その回数があまりにも多すぎたため、子どもたちが「嫌気」を感じて儀式が効果的に行われなくなることを恐れた文部省は、儀式施行を三大節（紀元節、天長節、一月一日）に限定しました。昭和二（一九二七）年に明治節が制定されてからは、これを加えた四大節となります。（紀元節／神武天皇の即位日、天長節／天皇誕生日[17]、明治節／明治天皇の誕生日、一月一日）

なお、祝日儀式の一般的な流れは以下のとおりでした。

（一）君が代合唱　（二）御真影への最敬礼　（三）校長による教育勅語奉読
（四）教育勅語に基づく校長訓話　（五）祝日に相当する唱歌合唱

現在の祝日は、学校が完全にお休みとなりますが、戦前は儀式が行われる祝日には職員は出勤、児童生徒は登校して、儀式に参加しなければなりませんでした。このような祝日儀式は、太平洋戦争が終わり、戦後の新しい教育が始められるまで続けられました。

儀式化する御真影の下付

学校が御真影を下付されたのは、明治の中途と、大正天皇への代替わりの時、昭和天皇への代替わりの時の三度です。明治天皇の御真影の拝受に関する沿革誌の記述は、先に書いたように一行のみの記述でした。それに対して、大正天皇の御真影については、受け取ることそのものが一大儀式として行われていることが記録からわかります。

【明治四五年】
七月三〇日　明治天皇崩御
【大正四年】
一一月　九日　今上天皇陛下御影複写下附アリ
校長は五・六学年児童ヲ引率セン訓導ト郡役所ニ奉迎シテ帰校
直ニ奉戴式ヲ挙行ス
【大正六年】
一〇月　六日　両陛下御真影御下賜アルベキヲ以テ従来奉安ノ天皇陛下御影複写ヲ返納スベク郡長ノ示達ニ従ヒ、午前九時三〇分市原校長ハ佃訓導引率ノ第六学年児童ト倶ニ郡役所ニ出頭シテ両陛下ノ御真影ヲ拝戴
午前一〇時三〇分市原校長御真影捧持警官護衛丹羽町長随従帰校ス
第五学年以下ノ全児童ハ校門前ニ整列奉迎ス
直ニ講堂ニ奉安シ職員児童町長参列奉戴式ヲ挙グ

大正天皇・皇后の御真影については、皇后が懐妊中という事情で、大正四（一九一五）年に天皇の御真影が、そして、その翌年に皇后の御真影が下付されましたが、皇后の御真影下付の直前に、小学校にも複写でないものが行き渡るようになりました。天皇の代替わりを機会として、御真影を全国に広く普及させる政策

に転換したものと思われます。

明治から大正への移行期には、まだ御真影の奉還や奉戴の仕組みが確立されていなかったのか、明治時代に下付された御真影はそのままにされていたようで、これについては、昭和への移行期に大正天皇の御真影と合わせて奉還することとなります。

【昭和三年】
一〇月　八日　明治天皇　照憲皇太后　大正天皇　皇太后陛下　御真影奉還式挙行
〇時三八分列車ニテ校長奉戴上県奉還ス
一〇月　九日　今上天皇陛下皇后陛下御真影御下賜相成　午後二時校長奉戴帰校ス　奉戴式挙行

大正天皇の御真影は郡役所で下付されたのに対し、昭和天皇の御真影は県庁まで出向かなければならなかったようです。当時の西古鶴寿校長は、学校での奉還式を終えた後に明治天皇・皇后、大正天皇・皇后の御真影を携え、昼過ぎの列車で鳥取まで出向いて一泊し、翌日県庁で昭和天皇・皇后の御真影を下賜されて昼過ぎに帰校し、学校で奉戴式を行うという日程でした。

奉安殿の建設

このように、御真影は全国の学校に広く普及するとともに、その価値も重要となり、しっかりと奉護する（大切に守る）責任が、学校に対して求められるようになっていきました。

義方校に明治天皇の御真影が下付された前年の明治二四（一八九一）年、文部省は御真影と教育勅語について訓令第四号により「校内一定ノ場所ヲ撰ヒ最モ尊重ニ奉置セシムヘシ」と規定し、それらの扱いを厳重にすることを学校に求めました。義方校では、明治天皇の御真影をどこに安置していたのかは記録に残っていませんが、大正天皇の御真影については「講堂ニ奉安シ」と沿革誌に記録されています。文部省からの指示で「校内一定ノ場所」とあることから、校舎や講堂に安置する学校が多かったのですが、火災や自然災害などによって、御真影が傷ついたり失われたりすることもありました。特に、関東大震災の際には多くの学校で御真影が焼失しています。

　現在の学校では、子どもたちの安全管理が学校の危機管理上の最大の任務ですが、天皇の肖像写真である御真影が天皇と同一視されていた状況下では、その奉安（尊いものを謹んで安置すること）こそが、子どもの安全管理をも上回る最重要事項であり、御真影を守るため燃え盛る校舎に飛び込むような、命をかけて御真影を守ろうとする教員も相当数に上りました[18]。そのような風潮に「写真と人の命のどちらが重いのか」と冷静に疑問を呈する意見もあったようですが、戦前の日本社会では、そのような正当な意見はすぐにかき消されてしまったようです[19]。

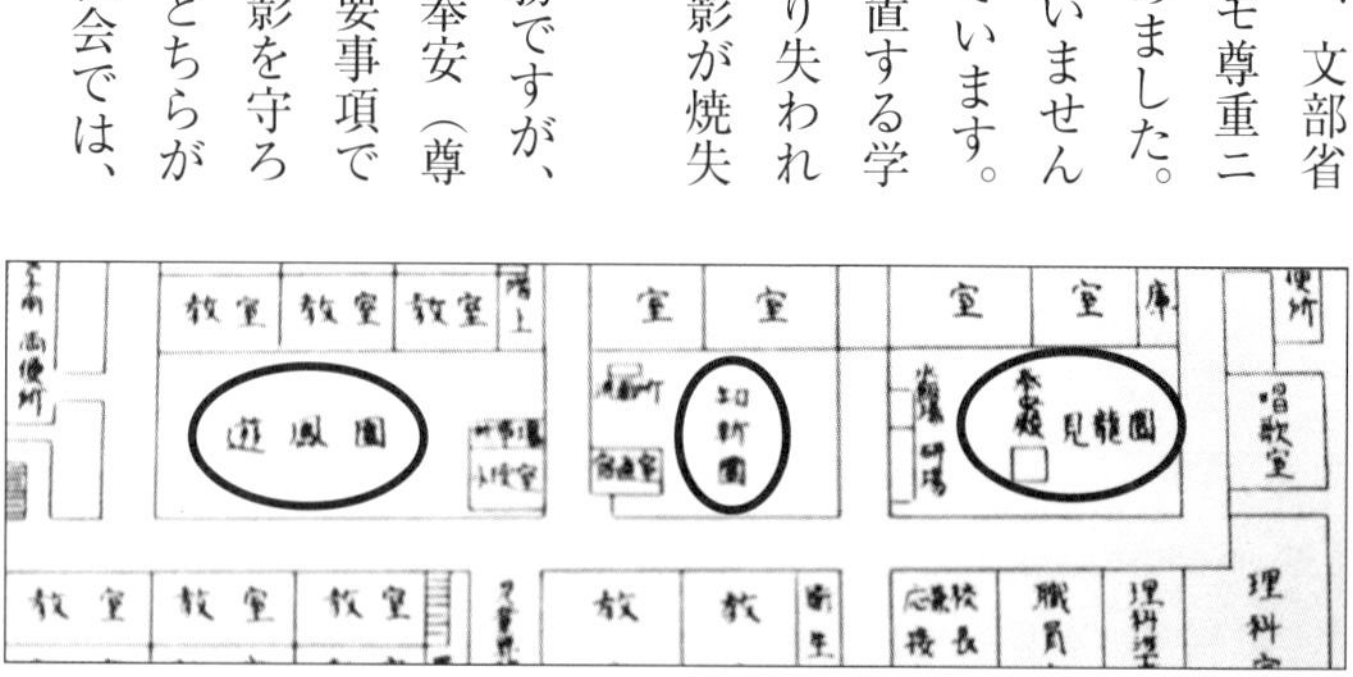

西町校舎　校舎図（中庭部分を拡大　印は筆者による）

　そのようなことから、大正期になると全国各地の学校では、御真影を安置する施設である奉安殿が造営されるようになります。

【大正一三年】

九月　御真影奉安殿落成

一〇月三〇日　〇時三八分列車ニテ校長奉戴上県奉還ス
就将尋常高等小学校ニ於テ落成式挙行
修祓式執行後御真影ノ奉安ヲ為ス

義方校においても、西町校舎時代、関東大震災の翌年にあたる大正一三（一九二四）年に奉安殿が落成しています。『米子市義方尋常小学校　郷土教育資料』によると、奉安殿は鉄筋コンクリート製で、建築費用は七〇〇円（今の価値でおよそ一〇〇万円）を要しました。

沿革誌によると、奉安殿の造営だけでなく、皇太子（のちの昭和天皇）の御成婚を祝う御慶典記念事業として、校舎と渡り廊下で囲まれた三つの中庭を、奉安殿を中心とした「見龍園」、植物園である「遊鳳園」、動物教材園である「知新園」と名付けて整備しました。当時の写真が残っていないことは残念ですが、他校に類を見ないようなすばらしい学校施設だったものと思われます。

終戦後の御真影と奉安殿

時代が飛びますが、戦時中においても御真影を守ることは校長以下教員の大きな使命でした。戦火によるものであっても御真影が棄損したり焼失したりすることは許されず、もしそのような事態になった時には、学校（特に校長）は大きな責任を負わなければなりませんでした。

そのような事態を防ぐためには、より安全な場所に移すしかなく、子どもたちと同様に御真影も疎開していくことになります。義方校の御真影は中国山地の奥深い日野郡福栄小学校に移され、そこで終戦を迎えました。[20]

【昭和二〇年】
八月一五日　本日正午放送ニ於テ大東亜戦終結ノ勅語ヲ全国民ニ賜フ
勅語ハ昭和二〇年八月一四日ニ下賜アリタルモノナリ
一二月二八日　今上天皇陛下皇后陛下ノ御影ヲ奉還ノ為就将国民学校奉安殿ニ奉遷セリ

私たちは、八月一五日を境にあらゆることが大きく変わったととらえがちですが、沿革誌を読む限りではそのようなことはなかったようです。五日後の八月二〇日には、校長から全職員に対して「今後も国体護持に任ずべき決意」を伝え、一〇月に御真影を疎開先の日野郡から戻して元通りに奉安殿に収めた上で、一一月三日の明治節には四年生以上全児童が参加して奉拝式を行っています。

年末には御真影を学校から国へ返していますが、これは御真影の廃止に伴うものではなく、軍服だった昭和天皇の姿が新しい国家には相応しくないので、一旦引き上げてから改めて新しい御真影を下賜するための措置でした。従って、元日にはそれまで通りの祝賀行事を行うものの、御真影のない式になってしまい、礼拝する対象がなくなったので、学校によっては宮城（皇居）に向って礼拝したところもあったようです。

このように、敗戦という事実があったものの、教育現場ではその時点での区切りはなく、依然として皇国思想に基づく教育が続けられていたと言えます。

しかし、一二月にＧＨＱ（連合国軍総司令部）から出されたいわゆる「神道指令」により、事態は変化していきます。この「神道指令」は国家神道を禁止し、神社と国や公共団体との分離を指示するものでした。国公立学校における神道的施設・行事なども全面的に禁止されました。[21]

当初、文部省は奉安殿（この時点では御真影は安置されていない）について「神道的色彩を除去」するにとどめ、施設そのものはそのまま学校に残すつもりでいたようです。しかし、御真影や奉安殿と、それに関連した学校での儀式が戦争に大きく影響したと考えるＧＨＱは、その完全な撤去を目指したので、両者の考えには大きな隔たりがありました。

角盤高等小学校の奉安殿
（山陰歴史館 蔵）

結局、ＧＨＱの方針には逆らえず、昭和二一（一九四六）年六月に文部省から「御真影奉安殿の撤去について」という通知が出され、学校から御真影も奉安殿も姿を消していくことになるのです。[22]

【昭和二一年】

八月　二日　県ノ指令ニ依リ講堂ヘ備付ノ御真影奉遷台ヲ撤去ス

八月　五日　文部省通牒ニ基キ内務部長名ニ依リ御真影奉安殿ヲ八月二〇日マデニ撤去スベシトノ

指示アリ
本日ヨリ之ガ作業ニ着手セリ
八月二〇日　奉安殿撤去作業完了ス。県市ニ対シテ其ノ旨報告セリ

その後、四大節の学校儀式については沿革誌の記録の上では次のようになっています。

・紀元節　昭和二一年以降は記録なし
・天長節　昭和二三年まで祝賀式を行っているが、以後は記録なし
・明治節　昭和二一年は「新憲法公布記念式と併せ明治天皇の御成徳を偲び奉る」と記録されているが、以後は記録なし
・一月一日　昭和三五年まで新年祝賀式が行われていた。三六年は「新年祝日　全校休」となっている。

昭和二三（一九四八）年の「国民の祝日に関する法律（以下「祝日法」）」の制定によって、一月一日は「元日」、天長節は「天皇誕生日」、明治節は「文化の日」となってその日のもつ意味も変わり、戦前のような儀式も行われなくなりました[23]。ただ、この四大節が制定された当初から、習俗的な意味の大きかった一月一日だけは、敗戦とは関係なく祝賀行事がその後も続けられていたようです[24]。

祝日法には、それぞれの祝日の意味が明記されています。学校では、子どもたちにそのことを理解させることが求められていますが、現在の祝日が戦前には別の意味をもっていたことについても、教える側の先生たちも知識として身に付けておく必要があるのではないかと考えます。

三　村河直方と二宮金次郎

西町校舎時代の昭和一二（一九三七）年、学校に二つのモニュメントが建立されました。一つは鳥取藩家臣の村河直方（一八二四〜一八六七）を顕彰する碑で、もう一つはお馴染みの二宮金次郎（一七八七〜一八五六）の石像です。この二人の人物に直接のつながりはありませんが、同時代に社会を変えていこうとした点では共通するものがあります。本項では、この二つのモニュメントについてスポットを当ててみます。

村河直方公彰忠碑

倒幕の志士　村河直方

江戸時代は一国一城が基本であったので、鳥取藩のように鳥取と米子の二ヶ所に大天守をもつ城があるということは異例だったようです。鳥取藩では、藩主の池田氏が鳥取城で政治を行い、米子では家老の荒尾氏が城代として米子城を預かり、町を治めていました。荒尾氏には割と大きな権限が与えられ、殿様に断らずにある程度物事を決めることができたようです。これを「自分手政治[25]」といいますが、その荒尾氏の家臣の中で筆頭格であったのが村河氏でした。

義方校の西町校舎は、この村河氏の屋敷跡に建てられていました。現在は鳥取大学医学部の校地になっているので、郷土史の紹介では「医学部の敷地内にあった村河家」という記述で出てきますが、もとは義方校の敷地でした。その村河家の中でも、九代目の直方は米子の産業を発展させ、藩の財政を豊かにすることに寄与した人物だったようです。

鳥大医学部の敷地内に、荒尾男爵の「贈正五位村河直方公彰忠碑」(昭和一二年建立)と池田侯爵家から送られた石灯篭があります。ここは、荒尾氏の家臣筆頭の村河家の屋敷跡です。村河家は、代々与一右衛門を通称としていました。その中でも九代目直方は、藍座、蝋座、木綿座、為替座の経営を盛んにし、新田開発や人参栽培加工など荒尾氏の経済援助に努めました。一方、勤王の志もあつく、幕末の動乱期、尊王討幕活動に深くかかわり、西郷隆盛や桂小五郎ら諸国の志士との交わりも広かったようです。

(『米子のふるさと散歩』より)

藩を企業に見立てると、村河直方はさまざまなプロジェクトを成功に導いて利益を上げ、業績アップに貢献した有能な部長といったところでしょうか。また、維新三傑とも交流があったことから、そのまま明治維新を迎えていたなら、米子のみならず全国にも名を馳せる人物になっていたかもしれません。

しかし、そのように有能な人材であった直方は、謀反の嫌疑をかけられ、志半ばにして落命することとなります。

尊王討幕運動に加わり、大山での挙兵計画に加担したとの嫌疑によって、幕府は鳥取藩に直方の身柄を引き渡すようにと通達を出しました。このため主家荒尾氏へ関係がおよぶことを心配した一族によって、慶応三年一〇月一一日、出仕した勧請場において命を絶たれたと伝えられています。大政奉還は同年一二月九日、わずか二ヶ月前のことでした。

（『広報よなご　二〇一二年一一月号』より）

挙兵計画に加担した事実があったのかどうかはわかりませんが、上司にあたる家老の荒尾家を守り、鳥取藩にも害が及ばぬよう、親族の手によって直方は命を奪われています。

直方の功績が認められ、そのことを語り継ぐために彰忠碑が建立されたのは、その七〇年後のことでした。彰忠碑の建立は、後藤家の当主であり義方校教育後援会初代会長の後藤市右衛門氏の尽力によって実現したものであり、経緯については『八十年誌』に詳しく書かれています。

昭和一二年一〇月一〇日は勤王家村河直方公の七〇年忌に相当するので、村河家の屋敷跡に建てられている義方校の教育後援会として、公の偉績を顕彰することは教育上真に有意義なことであるという、後藤後援会長の発意により、村河直方公顕彰会を組織され各方面の賛助を求めて事業を進めることに決定した。丁度この夏東京で全日本ボーイスカウト役員会が築かれ上京いたしましたので、麹町の荒尾男爵邸を訪問して顕彰会の計画を述べて御賛同を求め且つ碑面大文字並に碑記上部の額面文字の揮毫を依頼し快諾を得ました。又九月になってから立田知事の碑文草稿を作り之を携えて上県して多少の添削を乞うて帰校し、禿筆を揮って碑面に書きつけ、裏面関係者名、年月日、顕彰会名等も記入し、工を急いで九月中に建立、造庭等一切を完備しました。

一〇月一〇日当日は遺族代表村河義隆はじめ関係者一同、生徒代表参列、多数来賓を迎えて盛大な除幕式、竣工報告慰霊祭を挙行されました。「尚特に付記しておきます事は、村河家御遺族から直方公一五才御元服の時の記念の稚子髷を寄贈せられたので、相謀って之を銅板に包み碑石の底面台石の間に填蔵してある事は、普通の記念碑とことなり永く英霊を静めまつる御墓地の聖域とかわることはないのであります。

慰霊碑式典の様子（義方校 蔵）

慰霊碑除幕式（義方校 蔵）

（『八十年誌』「旧職員所懐」より）

また、二ヶ月後の一二月一六日には、池田侯爵が寄贈した石燈篭が彰忠碑の前に設置されています。謀反の嫌疑をかけられ、家老の荒尾家を守るために命を落とした村方直方は、主君である池田氏の子孫によって、七〇年後に名誉を回復されたのでした。なお、彰忠碑と石燈篭は今も鳥取大学医学部正門の横にひっそりと佇んでいます。

金次郎園の二宮金次郎像

前述したように、村河直方公の彰忠碑は当時の西町校舎の庭に建立されました。そして、同時期に二宮金次郎像も建立されています。

【昭和一二年】
一〇月一〇日　村河公彰忠碑除幕式挙行
一一月　三日　後藤市右衛門氏ヨリ村河直方公ノ彰忠碑建立並ニ築庭二宮尊徳像ノ寄贈ノ大事業アリ

村河直方公の顕彰碑は、そこが村河家の屋敷跡であったことから、校舎が移転してもそのままにされていますが、金次郎像は立町校舎に移され現在に至っています。金次郎像は、正門横の桜の木の下に佇んでおり、その一角は「金次郎園」と呼ばれています。子どもたちも職員も、親しみをこめて「金次郎さん」と呼んでいて、毎年新年度の初めには、金次郎さんは満開の桜の下で子どもたちの登校を出迎えてくれます。

背中に薪を背負って、本を読みながら歩いているという独特のフォルムである金次郎像については子どもたちも興味津々で、「金次郎さんは何をした人ですか?」「どうして金次郎さんの像があるのですか?」などの質問が校長室にも多く寄せられました。二宮金次郎については「名前は知っているけど、何をした人物かはよく知らない」という人も少なくないかと思うので、簡単に紹介します。

二宮金次郎は、天明七（一七八七）年、現在の神奈川県小田原市に中流地主の子として生まれ、晩年は二宮尊徳と称しました。水害などにより一家は離散して財産も失いましたが、並々ならぬ勤勉努力に裏打ちされた農業改革を行ったことで小田原藩主に才能が認められ、その手腕を買われて頼まれた下野桜町領（現在の栃木県真岡市）の復興にも成功し、その後、幕臣に登用され日光神領の復興に従事しつつ、多くの藩への指導にもあたり、六〇〇もの村を立て直したと言われています。

各地で行った立て直し（＝財政再建）を「仕法《しほう》」と言いますが、金次郎は「至誠」「勤労」「分度」「推譲」という原理を用いて仕法を実践していきました。「真心をもって誠実に働き、自分の収入に見合った質素倹約な生活をして、余った分は蓄えたり、他に譲ったり、公共に使ったりする」という考え方です。このような考え方を、小田原藩主大久保忠真が「それは『論語』にある以徳報徳だ」と言ったことから、金次郎が「報徳」という言葉を用いるようになり、「物や人そのものにそなわっている『持ちまえ、取りえ、長所、美点、価値、恵み、おかげ』などの『徳』に報いるための行いをして社会に役立てる」という報徳思想は、全国の貧しい農村の建て直しを成功させる重要な鍵となりました。

そのような二宮金次郎の思想が学校教育と結びつくようになったのは、国定修身教科書で取り上げられるようになった明治三七（一九〇四）年以降です。この年は日

一 オヤノオン
ニノミヤ キンジラウ
ノ ウチ ハ タイソウ
ビンボフ デ アリ
マシタ。 チチ ハハ
ハ キンジラウ タチ
ヲ ソダテル タメ ニ、イロ
イロ クラウ ヲ シマシタ。

明治時代の国定修身教科書
（山陰歴史館 蔵）

露戦争が始まった年ですが、戦争では多額の戦費を費やしてしまい、政府は国民に節約・倹約を奨励せざるを得ませんでした。そのようなことから、二宮金次郎のような生き方をお手本とするように、修身教科書で示したのでしょう。

また、明治四四（一九一一）年には、文部省唱歌「二宮金次郎」が二年生用唱歌として発表され、音楽を通しても、その生き方が奨励されました。

一　柴刈り縄なひ草鞋《わらぢ》をつくり
　　親の手を助《す》け弟《おとと》を世話し
　　兄弟仲よく孝行つくす
　　手本は二宮金次郎

二　骨身を惜《をし》まず仕事をはげみ
　　夜なべ済まして手習《てならひ》読書
　　せはしい中にも撓《たゆ》まず学ぶ
　　手本は二宮金次郎

三　家業大事に費《つひえ》をはぶき
　　少しの物をも粗末にせずに

遂には身を立て人をもすくふ
手本は二宮金次郎

（『尋常小学唱歌　第二学年用　文部省』明治四四年）

しかし、修身や唱歌の動きと、二宮金次郎の石像や銅像の普及との間には少し時差があります。修身や唱歌で二宮金次郎が広く国民に知られるようになった頃を第一次金次郎ブームと呼ぶならば、全国の学校に金次郎像が普及していった頃を第二次金次郎ブームと呼ぶことができるでしょう。

第二次金次郎ブームの先駆けとなり、全国で最初に二宮金次郎像が置かれた学校は愛知県の前芝小学校（現豊橋市立前芝小学校）であると言われています。同校のホームページには「大正一三年（一九二四）一月二六日、前芝小学校の前身、前芝尋常高等小学校に建てられました。この像は約一メートルのセメント製で野良着姿にわらじ履き。左肩に魚籠《びく》を背負い、右手に本を持っています。昭和天皇のご成婚記念としてこの小学校に寄贈されました。」とあります。

愛知県東部の三河地方は、石材業が地場産業として栄えていましたが、昭和初期の恐慌によって急速に石材業が衰退していきました。岡崎市のホームページによると、その状況を打開しようと、東京で活躍する彫刻家を講師として岡崎に招いて彫刻技術を磨き、完成させたのが金次郎像だったようで、石像を制作する石工が各地の産業博覧会へ出品したり、全国の小学校長が集まる会合でアピールしたりするなど熱心な宣伝活動を展開したことで、金次郎の石像は瞬く間に全国の小学校へ広まっていったようです。

そのタイミングが金次郎生誕一五〇年（昭和一二年）、皇紀二六〇〇年（昭和一五年）と重なり、地域の団体や名士が地元の学校に金次郎像を寄付するなどして、全国の学校に金次郎像が急速に普及したのでした。義方校の金次郎像の建立はまさに金次郎生誕一五〇年の年に後藤市右衛門氏から寄贈されたものです。

金次郎像は石像の他に、銅器の生産で知られる富山県高岡市を中心に作られた銅像も広く普及していましたが、銅像は戦時中の金属不足を補うために回収され、武器等に姿を変えていきました。また、残った石像についても、戦後になって戦時中の思想と結びつけられて撤去されるようなこともありました。現在では、小学校の統廃合が進む中で学校に残されなくなるようなことも多いようで、現存する二宮金次郎像は少なくなりつつあります。

米子市に現存する金次郎像を調べたところ、義方校の他に、啓成、弓ヶ浜、崎津、大篠津の各小学校に残っており、現在は伯仙小学校となっている旧大高小学校と旧県《あがた》小学校の跡地にもそのままの姿で残されています。

本を読みながら歩く姿が「歩きスマホ」を連想させるというような理由で撤去されたり、行儀よく座って読書する金次郎像が現れたりするような昨今ですが、「物や人そのものにそなわっている『持ちまえ、取りえ、長所、美点、価値、恵み、おかげ』などをうまく使って社会に役立てていく」という「報徳」の精神は、今の子どもたちにこそ身に付けさせなければならないのかもしれません。

義方校の二宮金次郎像

四　角盤校舎への移転

明治三二（一八九九）年に寺町から移転新築され、児童数の増加とともに増築拡張を続けながら、明治、大正、昭和と半世紀近くを過ごした西町校舎とは、突然、思いもよらない形でお別れをすることとなります。

医学専門学校の設置

太平洋戦争も終盤にさしかかり、戦況が次第に悪くなりつつあった昭和一九（一九四四）年のことです。米子に官立医学専門学校を設置するという話が持ち上がりました(26)。戦争による医師不足を補うために、医師を養成する機関を増やすことが急がれていたのです。そのため、昭和一八年に前橋市に初の官立医学専門学校である前橋医学専門学校が設立され、次いで翌一九年には青森市と松本市にも官立医学専門学校が設立されました。

医学専門学校設立の動きは昭和二〇年になってからも続き、いくつかの候補地の中から徳島市とともに米子市が選ばれました。その経緯を、元 鳥取大学医学部長の豊島良太氏（現 山陰労災病院院長）が「米子医学専門学校設立経緯」（『鳥取県立博物館研究報告　第五八号』収録）として詳細にまとめていますので、参考にしながら医学専門学校の設立と義方校の校舎移転との関係を明らかにしていきたいと思います。

帝国大学医学部や医科大学の空白地域であった山陰は、医学専門学校設置の候補地に上がっていたようですが、当初は県庁所在地である鳥取市への誘致が有力でした。しかし、鳥取市は昭和一八年九月に起こった大地震[27]のために中心市街地が壊滅的な被害を受け、校舎や附属病院の提供という設置の条件が整いませんでした。

代わって選ばれたのが米子市です。しかし、米子が選ばれたのは鳥取市の代替地というだけではなく、もう一つ大きな要因がありました。それは齋藤干城米子市長の存在です。

昭和一八年八月に米子市長に就任した齋藤干城は米子市出身の医師で、軍医として仕官し、各地の陸軍病院長や各師団の軍医部長を経て陸軍中将まで務めた人物でした。退官後には米子市に戻り外科医院を開業しましたが、周囲から推挙されて米子市長になったという経歴の持ち主です。

市長就任とタイミングを同じくして、山陰への医学専門学校の誘致という大事業が舞い込んできた時に、齋藤市長が他市に先んじて動いたことは容易に推察されます。医師であり、陸軍の高官でもあった市長が、医学専門学校の誘致を進めるのは当然の成り行きだったと言えるでしょう。しかも鳥取大学の記録によると、東条英機前首相（市長就任当時）とも親交があったようで、そのような齋藤市長の存在が、米子への医学専門学校誘致に影響したことはまちがいないと思われます[28]。

ところが、戦争も厳しい局面を迎え、国も地方も財政的な余裕がない中での専門学校の設置だったため、校舎や病院も含めて学校施設を新しく建設することは不可能でした。また、設置が正式決定してから開校するまでは、どの医学専門学校も四ヶ

齋藤干城市長
（『米子市三十周年誌』より）

月程度しか準備期間が与えられなかったので、先に設立された前橋、青森、松本は既存の学校の校舎転用と、既存の病院の附属病院への移管という手段が取られ、(29)米子においても同様のことが行われることになりました。

義方校校舎転用の動き

当時、この立地条件が当てはまるのは、米子病院に近い義方校と、博愛病院に近い就将校の二校でした。しかし、義方校は米子病院だけでなく精華女子商業学校とも隣接しており、広範囲での活用が期待できたために、義方校に白羽の矢が立てられたのだと思われます。

早速、齋藤市長は嘉賀廣校長（第一六代）に校舎転用の話を持ち掛けました。その校舎転用計画とは、義方校の校舎を医学専門学校に明け渡し、義方校は角盤高等小学校の校舎に移転するというものでした。昭和一九年の年末のことです。

【昭和一九年】

一二月二〇日　米子市長齋藤氏ヨリ医専米子市設置国民学校校舎転用ノ意見ヲ徴サル。

一二月　二日　巷間ニテ医専校舎ニ国民学校校舎転用ノ噂上リ、後藤教育後援会長義方校校舎転用ノ噂サ専ラナルヲ聞キ善後策協議来校、成田副会長モ来校。午後一二時過ギ迄熟議、結局暫ク静観ノ態応トルコトニ決定シテ解散。

一二月二一日　大阪朝日新聞米子医専義方校ニ決定スト報ズ。

この校舎転用の案は義方校関係者にとっては衝撃的な計画であり、内々であったはずの話はすぐに噂となりました。多くの関係者の間に大きな動揺が走ったことは想像に難くありません。心配した教育後援会（現在のＰＴＡ[30]）の幹部が来校して、夜中まで善後策を協議しました。しかし、この段階では嘉賀校長が市長から意見を聞かれたというだけで、どうすることもできなかったようです。

しかし、齋藤市長から嘉賀校長へ校舎移転の打診があった一ヶ月後の一二月二一日、突然、新聞紙上で「米子医専義方校に決定」と報じられたことによって、噂話は現実のものとなり、児童、保護者、職員、そして地域の関係者や卒業生の間には大きな驚きや強い不安が広がりました[31]。

この新聞報道を受けて、教育後援会幹部は事態の収拾のために奔走することとなります。昭和一九年度の沿革誌には、一二月二一日以降の正月を挟んだ一ヶ月間に、後藤市右衛門会長、成田 延副会長、小西宗晴翼壮義方分団長等が市長をはじめ様々な関係者と協議を重ねた経緯が多数記事に残っています[32]。しかし、それらは公式な会議の記録であって、恐らくこれ以外にも非公式な会合については毎日のように重ねていたことと推測します。

【昭和一九年】

一二月二一日　大阪朝日新聞米子医専義方校ニ決定スト報ズ。
　　　　　　　後藤会長善後策ノタメ来校。
一二月二三日　嘉賀校長後藤会長ト協議。教育後援会役員会開催ニ決定ス。
一二月二五日　午後七時ヨリ教育後援会役員会校長室ニテ開催。会長ヨリ経過報告。

結局止ムヲ得ズ義方校児童勉学ニ差支ヘテナキ施設ヲ陳情スベキコトヲ後藤会長成田副会長代表シテ市理事者面接スルコトニ依リ散会。

【昭和二〇年】

一月　八日　後藤会長来校古城内政部長医専転用諒解ヲ求メラレシコトニツキ報告。

一月一七日　齋藤市長教育後援会長ト町内会長ヲ市役所ヘ招キ医専校舎転用ノ件諒解ヲ求メラル。

一月一九日　午後七時教育後援会役員会（殆ンド全員出席）後藤会長ヨリ転用経過報告。

一月二〇日　小西宗晴氏（翼壮義方分団長）昨夜ノ教育懇談会役員会ノ決議及雰囲気ニ心痛シ義方校児童収容ニ父兄ノ不安便所ノ改造方ヲ市ヘ要望セラレシトコロ市理事者ノ誠意アル回答ニ依リ後藤会長ニ面談右次第ヲ報告シ諒解ヲ求メラレ円満解決ヲ為ス。

一月二四日　後藤会長、成田副会長角盤校現地視察後常松助役ト面談大体諒解ヲ得。

義方校の西町校舎を医学専門学校の校舎に転用するという問題は、義方校側からすると、伝統があり施設も充実している校舎と、五年前に建てられたばかりの「山陰一」と言われた大講堂を手放し、他所に移っていかなくてはならないことを意味します。子どもたち、保護者、職員をはじめ、関係する人々が不安、当惑、怒りなどの感情を抱いたことは容易に想像できます。

しかし、その決断を下した齋藤市長は、義方校が犠牲を払うことに何のためらいもなかったわけではないと推測します。その理由は、齋藤市長自身が義方校の卒業生だったからです。『六十年誌』には、当時、陸軍久留米病院長を務めていた齋藤干城が、祝辞とともに母校への郷愁を綴った文章が掲載されています[33]。医学専門学校を設立するために、母校が校舎を明け渡す犠牲を払わなければならない事態については人知れず心を痛めていたのかもしれません。

他方この問題は、多くの市民にとっては医学専門学校が米子市に建設されるということであり、米子市の発展のためには、医学専門学校の誘致は歓迎すべきことでした。後藤会長をはじめ教育後援会の幹部の中には米子市の経済界に大きな影響力をもつ人も少なくなかったので、義方校の移転反対の声が、医学専門学校誘致反対と周囲に受け止められないようにすることが最大の課題だったようです。

嘉賀廣校長（義方校 蔵）

巷間の噂さを出でない医専設置が確定的かも不分明の時義方校転用反対の気勢を挙げた結果、米子医専設置反対と混同せられる事があってはならぬとの考慮からしばらく静観し医専設置確定的となるや義方校愛惜愛校心から義方校転用反対の教育後援会役員会をひらき種々協議された。

（『八十年誌』「嘉賀廣 元校長による回顧」より）

実は、移転話が持ち上がる直前の昭和一九年には、児童数の増加による校舎の増築を、嘉賀校長は後藤教育後援会長とともに市当局に願い出ていました。しかし、戦局が悪くなる中での資材調達は非常に困難で、建築用の釘の配給さえもままならないことでした。嘉賀校長と後藤会長は役所や関係業者とたびたび掛け合い、西町校舎の増築に向けて東奔西走していたようです。

移転話の進行によって、そのような努力が無に帰してしまう結果になったことは、校長や会長をはじめ関係者にとっては堪え難いことであったでしょう。教育後援会をはじめ地域の人々の中には移転反対の連判状まで用意されたようですが、米子市の発展を考えると大々的な反対運動は控えざるを得ませんでした。

角盤高等小学校の廃止

一方、義方校の移転先として校舎を明け渡すこととなった角盤高等小学校（以下「角盤校」[34]）の関係者は、この問題をどのようにとらえていたのでしょうか。

角盤校は明治二〇（一八八七）年に総泉寺[35]を仮校舎に会見郡第一高等小学校として創立し、翌年に角盤高等小学校として現在の米子市公会堂の場所に開校しました。開校当時の生徒数は一四七名の寄宿舎制の学校でした。生徒の帽子はドイツ型、学生団を編成し、軍隊の制度に準じていました。その当時、米子には中学校がなくて角盤校が最上級の学校であり、会見郡の学校教育の拠点でもありました。のちに米子中学（現米子東高等学校）が創立されましたが、小学校から中学校に進学するためには高等小学校で二年間を過ごさなければならず、そのような意味で角盤校は多くの人材を輩出する学校であり、歴代校長には羽山八百蔵[36]、鈴木千代松[37]といった明治から大正にかけての鳥取県教育界を代表する人物が名を連ねていました。戦時中は精神鍛錬を重んじた兵式訓練に力を入れ、規律ある行動を重んじた教育は、当時全国屈指であったと言われています。

昭和一九（一九四四）年、義方校に持ち上がった校舎移転問題は、角盤校にとってはその歴史の終わりを告げる問題でした。市当局は、義方校の移転と同時に角盤校の廃止を提案したのです。これに対しては、義方校で移転反対の声が上がったように、角盤校でも廃止反対の声が当然のように上がりました。

齋藤市長はその反対の声を抑えるため、高等小学校を廃止する代わりに各国民学校に高等科を附設することによって高等小学校の教育を維持すると提案しました。しかし、当時の角盤校校長であった大西孟信にとっては、羽山八百蔵や鈴木千代松らによって築き上げられた角盤校の歴史と伝統を自分の代で消してしまうことは耐え難いものでした。

大西校長は市長案に対して猛烈な反対を続けました。大西校長が角盤校の廃止についてなかなか承諾しないので、市長は最終的に市内の各校長を召集し、市長案に対する賛否を問いました。廃止はやむを得ないとする市長の説明があり、それに対して大西校長が反対意見を表明しました。大西校長はこのとき、その場に居合わせた校長全員が自説を支持してくれるものと期待したようです。しかし、校長たちは沈黙したままでした。誰一人として、市長に対して異を唱えることはなかったのです。大西校長の怒りや無念の気持ちは如何ほどのものであったでしょうか。

　憤慨した大西孟信は、校長室に帰ると学校沿革史を開いて筆をとった。自分の要請に対して賛成をしなかった者たちの名前を書き残しておくためである。米子市長をはじめ市内の校長たちの氏名を並べ、遅刻した者は時間も書き込んだ。

（『鳥取県教育百年史余話　上巻』より）

義方校精神も移し植えよ

【昭和二〇年】
二月一六日　友松市教学課長ヨリ義方校移転今月中ニ完了セヨト内示ヲウケ一部方設置スルモ可ナリト。
二月二〇日　本校一六学級ヲ角盤校校舎へ移転ス。
二月二八日　警防団員等ノ助力ヲ得テ大部分ノ教校具運搬ス。
三月　一日　現講堂最後ノ全児童朝礼ヲ為シ残留学級児童ノ見送リニテ角盤校校舎へ移ル。
三月　二日　角盤校講堂ニテ最初ノ朝礼　義方校精神モ移シ植ヘヨト訓話ス。

後藤会長を中心とした教育後援会幹部の努力によって問題が円満解決に至ってからは、具体的な移転の動きが急速に進みます。二月一六日には米子市教育委員会から「今月中に移転を完了せよ」との通知が出ていますが、校舎の移転を一二月二一日に新聞発表で知ってから、一ヶ月後に移転が正式に決定し、その一ヶ月後に二週間足らずで移転を完了するように命じられるのは無茶な話です。ましてや、当時の義方校は学級数二四児童数一二〇〇の県内最大級の学校であり、物資の運搬も人力に頼らなければならない中で、今の常識では全く不可能なことです。しかし、当時の関係者は見事に移転作業を完了させたのでした。

角盤校舎への移転作業は、教育委員会から指示が出された四日後の二月二〇日に始まりました。学校職員や教育後援会員のみならず、地域の警防団等の協力を得て、わずか一〇日足らずで二四学級のうち一六学級の移転を終えています。三月一日には、その一六学級の児童が角盤校舎に移り、翌日、嘉賀校長は児童や職員を前にして「義方校精神も移し植えよ」と訓辞し、角盤校舎での新たな歴史が始まりました。

明治以来の伝統ある校舎を、自分の代で手放すことになった嘉賀校長の無念さは察して余りあるものがあります。しかし、西町校舎で培った義方校精神をもって、これから待ち受ける困難に立ち向かおうと、嘉賀校長は児童や職員に呼びかけると同時に、自らの強い決意を表明したのだと思います。

> **【昭和二〇年】**
> 三月一七日　全校児童運動場ニ集合　転校式挙行
> 　　　　　１校長挨拶　２市長挨拶　３大西校長歓迎辞
> 三月三一日　角盤校児童引継グ
> 四月　一日　午前零時ニ義方国民学校ノ門標ヲ掲グ

三月一七日には転校式が行われ、義方校は正式に角盤校舎へ移りました。式の中では、間もなく廃校となる角盤校の大西校長が、受け入れ側として歓迎の辞を述べています。角盤校の廃止について猛烈に反対していた大西校長ですが、角盤校舎へ移ってきた義方校の全児童や職員を温かく迎え入れました。そして、この二週間後の四月一日には立場が変わり、大西校長が第一七代義方校校長として、角盤校舎での義方校のかじ取りをしていくこととなります。

苦難の時代の始まり

角盤校舎への移転作業は、昭和二〇（一九四五）年四月一日午前零時の「義方国民学校」の看板付け替え作業をもって終了し、移転話が巷間の噂話として持ち上がって以降の騒動はひと区切りを迎えます。

しかし、本当の困難はここからでした。なにしろ、一七学級七五〇名を収容していた角盤校の校舎に二六学級一二五〇名（併設高等科を含む）の義方校児童を入れることになるので、教室が足りなくなるのは火を見るよりも明らかです。しかも、高等小学校は国民学校の上級学校であり男子校だったので、年齢の小さい子や女子が生活できる環境ではありませんでした。ですから、まずそれに対応できるような整備改善が必要でした。

角盤校舎（旧角盤高等小学校　義方校 蔵）

転校式からさかのぼること三ヶ月、嘉賀校長は昭和二〇年一月、市当局に対して「女子便所の新設」や「図画室と理科室の普通教室への転用」など七点を要望して[38]、すべて認められました。しかし、そのような要望すべてが叶えられてもなお「併設高等科二学級収容の教室不足　充当すべき教室のあてなし」という状況は変わりませんでした。その時の様子については、後年ＰＴＡ会長を務めた小西宗晴氏が一〇〇周年記念式典の祝辞の中で述懐しています。

その頃、二二学級ではどうしても児童の収容ができないため更に二学級の増築計画が進められていた時でありましたので、実質二四学級の児童をわずか一六学級しかなかった角盤校舎に移さねばならないことにあったのであります。すなわち予想されるすしづめ学級では、果たして十分な教育がおこない得るか、児童の健康管理は大丈夫であるか、そうしたことが心配の焦点だったのでございます。

（中略）

採光の悪い土間に机を並べて教室にし、講堂を仕切っていくつかの教室をつくり、更には物置までも片付けて教室に充てるなど、かろうじて雨露をしのぐ状態において移転を完了したのが昭和二〇年の三月であったと記憶しております。

（『百年誌』「祝辞」より）

移転が完了したのは昭和二〇年四月、つまり太平洋戦争も末期の状態に入った頃で、それまで学童疎開を迎え入れる側であった米子でさえも、もっと田舎への疎開を迫られるという、そんな局面を迎えていた時期でした。新たに併設された高等科の生徒は勤労動員に駆り出され、教室で学習することはほとんどなかったようです。小学生も運動場を開墾してサツマイモ作りに励んだり、校外に出て松の根掘りの勤労奉仕作業に汗を流した

角盤校舎のあった場所には米子市公会堂が建てられ、前庭には角盤高等小学校の記念碑が置かれている。

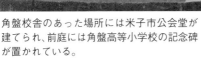

りするような毎日を、角盤校舎で過ごしていたことが記録されています（次項に詳しく説明）。
勤労動員や奉仕作業に明け暮れる戦時下では、西町校舎から角盤校舎に移ったことによる弊害は顕在化しなかったようです。角盤校舎での問題が明らかになり、新校舎建築の機運が高まるのは、戦争が終わって学校教育が通常を取り戻し始めた頃からのことでした。

医専問題に対する市民の思い

これまで述べてきたとおり、義方校は西町校舎を明け渡し、規模の小さな角盤校舎に移っていきました。西町校舎は官立米子医学専門学校となり、戦後には米子医科大学を経て現在は鳥取大学医学部に発展しています[39]。結果的には米子に国立大学が立地することと、附属病院の発展によって山陰最大規模且つ高度な医療体制が米子に確立することになったので、市としては大変意義のあることでした。しかし、義方校にとってみれば、この後、新校舎が建設されるまでの約一〇年間は苦難の時代となり、のちのち「医専問題」として語られることとなりました。

住み慣れた校舎を手放さざるを得なくなった義方校と、医学専門学校の誘致により市勢の盛り上がりを期待する米子市とでは、当然温度差があります。それは、『米子市史』と『米子市初等教育史』の明らかなトーンの違いで理解できます。義方校の『百年誌』はもっと辛辣であり、それぞれの立場の違いがよくわかります。

〔米子市史〕

太平洋戦争の戦局が次第に激烈となり、戦傷軍人救護のために大幅に軍医の増員が必要になった。その要請に応えるため数ヶ所の候補地の中から、文部省の示す条件を満たす適地として米子市が選ばれ、昭和一九年一二月一七日に設置の決定通知があった。

文部省が地元に要求してきた内容に対処するため、米子市では、市長齋藤千城を局長とする官立米子医専創設臨時事務局を設置、続いて設置委員会を結成して開設のための具体的な作業を展開した。昭和二〇年三月二七日に米子医学専門学校の設置が正式に決定した。学長は、鳥取県官民挙げての強い要請に応えて、下田光造（九州帝大医学部教授）が就任した。校舎は、米子市立義方国民学校とその裏通りに接している私立精華女学校の木造の建物が充てられた。

県民、市民を挙げての協力、特に九州帝大の物心両面にわたる破格の厚意等があって、昭和二〇年七月一日に開校、一五〇名の学生により、米子医専一期生の入学式が行われた。

〔米子市初等教育史〕

文部省は米子、徳島の両市に医学専門学校を新設することを決定した。これは米子市にとって喜ぶべきことであった。市は附属病院と目される米子病院に最も近い義方校校舎を提供することとし、角盤校を廃してそのあとに義方校を移転せしめる方策を強行した。戦時下における非常手段としてやむを得ない事ではあったが、義方校の側は大変な事ではあった。伝統の地を棄てて、悪条件の場に移ることについては大きな犠牲的精神を必要とした。教師も児童も教育活動を阻害するものを覚悟しなければならなかった。校長嘉賀廣は教育後援会等と数次の会合をもって協議する一方、市と折衝して円滑に移転を完了した。その苦渋は察して余りがある。角盤校生徒（高等科）はそれぞれの出身校に分散移籍した。この新設医専が今日の鳥取大学医学部である。

〔義方校百年誌〕

新しい山陰一といわれた大講堂もたてられ、児童数も一二五三名、学級数が二六学級の名実ともにりっぱな学校となった義方校を地域の人も親も子どもも大きなほこりをもって勉強していたところへ、米子に医学専門学校をつくることがきまり、学校はつくらないで義方校を医学専門学校につかうことがきまりました。西町の義方校を五〇年近くもかけてりっぱにしてきた人たちのおどろきとかなしみは口にいいあらわすことのできないほどのものでした。戦争のはげしくなったころのことですから、戦場にいく医師をつくるのにはどうしてもそうしなければならなかったのです。お国のためになることならつらいのをがまんして校区外にある元角盤高等小学校に引っこしていったのです。

こうして、角盤校舎の時代、すなわち「本校創立以来の苦境忍従期」（湊口賢二校長）が始まることとなります。この西町校舎譲渡という出来事は、義方校史の中でも最大の事件だったと言えると思いますが、戦後七〇年を経過する中で風化しているのが実態です。校長として勤務した筆者も、義方校に着任して過去の周年誌を読むまでは全く知らないことでした。この校舎移転の歴史の掘り起こし作業によって、問題解決に奮闘された先人の業績に改めて光が当てられることになれば幸いです。

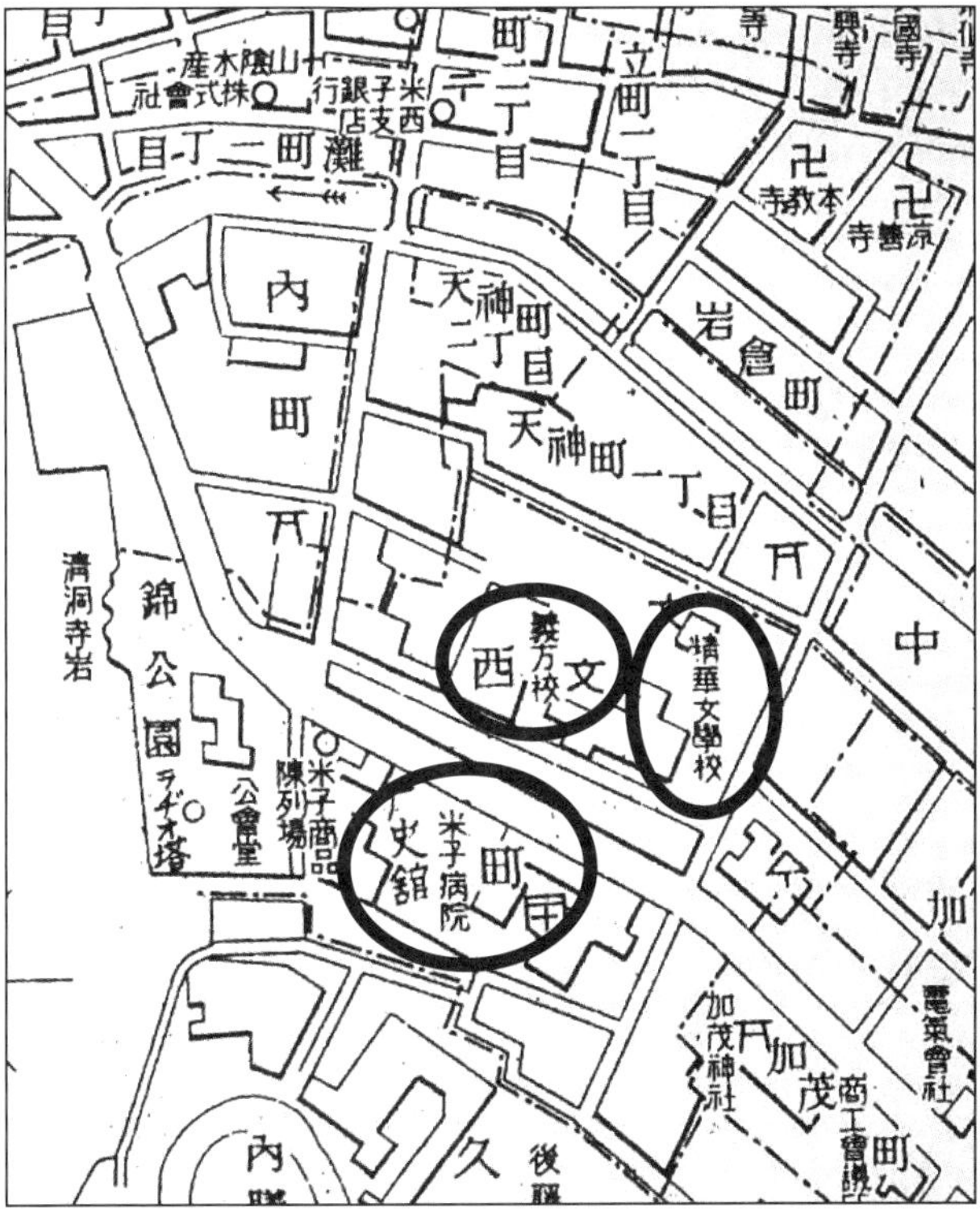

上図は昭和10年代の米子市街図である。義方校と精華女学校と米子病院が隣接しているのがわかる。道路は現在とほとんど変わっていない。現在は、義方校と精華女学校の位置に鳥取大学医学部が建てられ、米子病院の位置に附属病院が建てられている。
資料は「米子市全図（昭和13～18年）」(米子市立図書館 蔵　印は筆者による)

五　義方校と戦争

学校の歴史を綴った「沿革誌」はどこの学校でも永久保存され、その学校の歩んできた道をふり返ることができます。沿革誌に記録する記事は、その年に起こった比較的大きな出来事であり、日々の記録を残すものではありません。この日々の出来事は「学校日誌」に記録されます。ついこの前までは、一年分の記録ができる枚数が綴られた丈夫な装丁の日誌が使われていましたが、校務のデジタル化が進む中で、現在では日誌もデータ管理となっています。

沿革誌が永久保存であるのに対し、学校日誌は保存年限が決まっているので、昔の日誌が保存されていることは稀です。しかし、義方校では終戦前後の昭和一八年度から二〇年度までの学校日誌が校長室で保管され続け、当時の学校の様子を克明に伺い知ることができます。また、この頃の出来事は沿革誌にも細かく記録されており、戦争に関わる記録を後世に伝えようと考えられた当時の校長先生や教頭先生の歴史認識には敬意を表しなければなりません。

本項では、学校日誌や沿革誌に記録された昭和の戦争に関する義方校の出来事を掘り起こし、山陰の地方都市における当時の学校教育の様子をふり返ってみたいと思います。

長い戦争のはじまり

昭和二〇（一九四五）年八月一五日、日本は連合国に対して無条件降伏を受諾し、長く続いた戦争が終わりました。その戦争の始まりをいつとするかについてはさまざまな考え方がありますが、ここでは昭和六（一九三一）年に起こった満州事変を始まりとして、その後の日中戦争、太平洋戦争を含めた一五年間を戦争期間と考えます。

文部科学省も『学制百年史』の中で「昭和六年の満州事変以後、諸情勢の変化が教育に対しても改革を要請してきたが、一二年の日華事変の後は、文教施策にも戦時下という考え方がみられるようになった。」としており、学校教育に及ぼす影響が出始めたのは満州事変以後で、戦時下の教育ととらえるようになったのは日華事変以後であるとの立場をとっています。

満州に出発する軍隊を送る様子
（昭和６年　義方校 蔵）

【昭和六年】

一二月二二日　満州派遣軍ヲ駅頭ニ送ル

【昭和七年】

六月二六日　校長西古鶴寿文部省推選鮮満支那視察旅行ノ為出発

九月一六日　満州国承認祝賀記念旗行列挙行

九月一八日　出征軍人武運長久祈願祭　勝田神社ニ於テ執行セラルルニ依リ来拝ス

満州事変は昭和六年九月に、日本の関東軍が南満州鉄道を爆破し、それを中国側が行ったことと主張して攻撃を始め、満州全体を占領した事件です。爆破事件の翌年には、占領した地域に日本が満州国を建国するのですが、建国前にはその準備のために軍隊の増派が行われており、米子からも派遣軍が出発しています。その派遣軍を米子駅で見送ったり、満州国承認を祝して旗行列に参加したりするなど、子どもたちが次第に戦争に協力させられていく様子が、この頃から沿革誌に少しずつ記載されるようになります。
また、当時の西古鶴寿校長は、文部省の推薦を受けて満州、朝鮮、中国への視察旅行に出かけています(40)。出発の一ヶ月前には軍部によって犬養毅首相が暗殺される五・一五事件が起こり、満州においてはリットン調査団が爆破事件の調査を行っているような時期の大陸視察です。そのような状況下で、義方校の校長がどんなことを目にして、どんなことを感じたのか、記録が残っていないのがとても残念です。

【昭和一二年】

一二月一四日　南京陥落記念旗行列提灯行列

一二月一七日　南京入城式奉祝神社参拝

一二月二八日　洛南占領祝賀旗行列

【昭和一三年】

七月　七日　支那事変記念日招魂祭市民大会　四年以上参加

満州国をめぐって日本は国際的な孤立を深めていき、ついに国際連盟を脱退します。そして、満州にとどまらず中国北部にも軍隊を進め、昭和一二年七月に北京郊外の盧溝橋での両軍の衝突をきっかけに、日中戦争が始まりました。この時にも、軍隊が戦果を上げるたびに、子どもたちが旗行列などの祝賀行事や神社参拝に参加させられています。

義方国民学校

学制が頒布されて以来、学校制度については何回か改革が図られてきましたが、昭和一六（一九四一）年三月には小学校にとっては最大の改革となる国民学校令が公布され、学校教育の上でも戦時色が色濃くなっていきます。国民学校令とは、尋常小学校を国民学校に改め、初等科六年と高等科二年とし、義務教育期間をこの八年間に延長するものです。国民学校は、教育全般にわたって皇国の道を修錬させることを教育目的に据え、それ以前よりも国家主義的色彩が濃厚に加味された学校となっています。

沿革誌の中で、その当時の松田哲校長は、国民学校令以前の教育について「教育は『人を人にする』のであるがその『人』に対する定見がなかった。一般に自由主義、個人主義、功利主義的色彩が濃厚で、学問は個人の立身出世の具にあると考へられた。」と批判的に評しています。そして、国民学校については、「学問することにより国家を盛にするなど余り明瞭に考へられなかった。それを此度『皇国の道』と言ふ大精神に基づき皇国民錬成を目ざした劃期的改革である。」と肯定的に受け止めています。恐らく当時の教育関係者の多くは同じようなとらえ方だったのではないでしょうか。

【昭和一六年】
三月三一日　本日ヲモッテ七〇余年ノ小学校名ハ永エ《ママ》消エ明日ヨリ国民学校ノ発足

ただ、国民学校となることで、長い間親しまれていた「小学校」という名称をなくすことについては、かなりの反対があったようです。四月一日に米子市小学校の門札は一斉にかけ替えられ、戦時下特有の緊張感が一段と校内に漲ったと『米子市初等教育史』に記録されていますが、「小学校」が「国民学校」となったことで、平和が遠ざかっていくことを肌で感じた人も多かったと思います。

【昭和一六年】
一二月　八日　大東亜戦争宣戦大詔渙発
　　　　　　　ハワイ島ノ大戦果、南太平洋ノ大戦果ノ放送ハ皇国民トシテノ一大感激
一二月　九日　戦捷祈願祭挙行

【昭和一七年】
一月　八日　宣戦大詔書奉読式　従来ノ一日ニ興亜奉公日ヲ廃シ、大詔奉戴日トナル
二月一六日　シンガポール陥落
二月一八日　昭南島（シンガポール）陥落・入城式祝賀行列ニ参加

義方尋常小学校が義方国民学校となって八ヶ月後の昭和一六（一九四一）年一二月、日本は真珠湾を攻撃して欧米との戦争を開始します。その初期の段階では、沿革誌にも「大戦果」という言葉が躍り、占領地の拡大を祝して子どもたちが祝賀行事に参加している様子が、それまでと同じように見られます。しかし、そのような記事は昭和一七（一九四二）年二月を最後になくなります。代わって、戦勝を祈る神社参拝や、傷病兵の慰問等が目に付くようになります。

出征軍人慰問用に町別に撮影された留守家族写真（昭和14年　義方校 蔵）

少年団の活動として皆生陸軍病院に入院治療中の傷痍軍人を慰問し、劇を発表する子どもたちの様子（昭和17年　義方校 蔵）

【昭和一八年】
一二月一九日　皆生傷病兵慰問、学童ノ学芸発表
【昭和一九年】
五月　一日　暁天神社参拝

学徒動員

昭和一九（一九四四）年に入ってからは、「戦力増強の草刈り（八月二四日）」「戦力増強のドングリ拾い（一〇月九日）」「落穂探し（一二月六日）」などの勤労奉仕に関する記事が増え、子どもたちが学ぶ機会を奪われ、労働力として頼られるようになっていく過程が読み取れます。

労働力として学生や生徒に動員をかける、いわゆる学徒動員が国防国家体制のもとで始められたのは昭和一三（一九三八）年のことです。日華事変の進展、国際情勢の緊迫に伴い、戦時体制はしだいに強化されて国防上ならびに労務動員上、多くの要員を必要とするようになりました。

国家総動員法を受けて、文部省は中等学校以上の生徒に対して、夏休みなどの休業中に三〜五日間の簡易な作業にあたることを勧め[41]、翌年には中等学校以上の集団勤労作業を、休業中だけでなく随時行えるようにし、正課に準じて扱うこととしました。昭和一六年二月には作業に充てることができる日数が三〇日以内に拡大され、ますます学生生徒に労働力が求められるようになっていきました[42]。

義方校沿革誌に昭和一七年以降に戦果を祝す記事がなくなったことでわかるように、戦局は次第に厳しくなり、それにつれて不足する労働力を補うために学徒の勤労動員の体制も拡大していきました。中等学校以上の学校は、もはや教育の場ではなく労働力供給の場となり、ついに昭和一九年度には事実上の授業停止、昭和二〇年度には国民学校初等科を除くすべての学校で授業が停止され、国民学校高等科以上のすべての学徒は勤労動員されることとなりました[43]。

前述したように、義方国民学校は昭和二〇年四月に西町校舎から角盤校舎に移り、それによって角盤高等小学校は廃止されました。角盤校の生徒はそれぞれの出身校に分散移転し、それぞれの国民学校に二学年の高等科が併設されました[44]。しかし、高等科の併設と同時に高等科の授業が停止されたので、結果的には初等科と高等科が一緒に学ぶ機会はありませんでした。

【昭和二〇年】
四月一六日　本日ヨリ美保航空隊奉仕作業ニ着手シ、高一、二ハ専念奉仕ニ従事セリ
五月　一日　本日ヨリ高等科二年生ハ、勤労学徒トシテ工場ソノ他ニ出勤スル
其ノ出動先ハ、大正油脂、錦海鉄工、米子郵便局、米子鉄道管理部ニ各々配属セシメタルモノナリ

高等科では授業が停止され、生徒はさまざまな場所に勤労学徒として動員されました。沿革誌では配属先として大正油脂、錦海鉄工、米子郵便局、米子鉄道管理部（国鉄）が挙げられていますが、その他に専売局や国鉄後藤工場などにも動員されたことが『米子市初等教育史』に記録されています。これらを見ると、主に軍需工場や輸送を担う機関に対して労働力があてがわれたようです。

米子飛行場建設工事に勤労奉仕する小学生
（米子市立図書館 蔵）

記事にある「美保航空隊」とは海軍の航空隊を指します。現在は米子鬼太郎空港（航空自衛隊美保基地共用）となっている美保飛行場を基地としていました。当時、米子には陸軍の飛行場である米子飛行場が両三柳（現在の陸上自衛隊米子駐屯地、米子ゴルフ場）にありましたが[45]、弓浜半島の中ほどに新しい飛行場を建設することとなり、高等科の生徒も滑走路の整備等に動員されました。米子飛行場の建設時にも小学生が動員されており、土木作業に携わる中で事故に遭って命を落とすようなこともあったようで、勤労奉仕といっても命がけでした[46]。

【昭和二〇年】
四月一八日　三月下旬ニ割当テラレタル松根供出ハ約二七〇〇貫ナルニ、校地移転ノ為供出出来ザリシヲ以テ、本日ヨリ月末迄軍人会義方分会ノ後援ヲ受ケ完納スルコトトナシ、初五以上献身的努力ヲ払ウコトヲ約セリ
六月　九日　地方長官ノ命ニ依リ校庭開墾甘藷植付ヲ開始セリ
六月二六日　麦収穫ニ着手セリ

国民学校初等科を除いて学校の授業がすべて停止した昭和二〇年四月以降は、初等科だけが通常の授業をしていたわけではなく、初等科の子どもたちもさまざまな形で勤労奉仕を行っていました。特に食糧不足に陥っていた戦争末期には、日本全国であらゆる場所を利用しての食糧増産が行われていたようです。学校の運動場は畑地に替えられ、初等科の子どもたちによって芋や麦が育てられていたことがわかります。

また、学校には「松根供出」が割当てられていたとありますが、この「松の根」はそれから抽出される油分を航空機の代用燃料として使用するためのものでした。

これは「松根油《しょうこんゆ》」と呼ばれるもので、今で言うバイオ燃料にあたるものです。実用されたかどうかはわかりませんが、鳥取県では三月末までに一万三五〇〇トンの松根を掘り、そこから約八〇〇立方メートルの油を採り出す計画が立てられ、各校に供出する松根が割り当てられていました。義方校は二七〇〇貫（約一〇トン）の松根を供出しなければならなかったのですが、西町校舎から角盤校舎への移転と時期が重なり、割当分の供出ができないことから、地域の力を借りて完納しました。

少年団の奉仕活動による松の根掘り
（義方校 蔵）

当時の子どもたちは、松の根を掘って松根油を採ることが、米軍のＢ29爆撃機を叩き落とす最も手近な方法であると教えられていました。松根が埋まっている山や海辺までの道のりを、子どもたちが軍歌を歌いながら士気を鼓舞して行進するというような風景も見受けられたようです。

学童疎開

戦争も末期になると、アメリカ軍による空襲が激しくなり、大都市だけでなく、軍事施設や工場のある地方都市も空襲の被害を受けるようになりました。このため、政府は昭和一九年六月に国民学校初等科児童の疎開を促進する方針を決定し、大都市から地方への学童疎開を開始しました。

【昭和一九年】
七月三一日　大都市ヨリ縁故疎開児童ノ転入生多シ

当初の計画では、対象を初等科三年生以上としていましたが、戦局がますます悪化した昭和二〇年三月には一・二年生児童も保護者の許可があれば対象となり、多くの子どもたちが家族から離れて生活することを余儀なくされていきました。鳥取は、都市部からの疎開児童を受け入れる側で、一九年七月の文部省の計画では、神戸・尼崎の児童二万一〇〇〇人が兵庫・鳥取・岡山の各県へ割り当てられました。

【昭和二〇年】
四月二一日　防空壕改築ノ要アリテ本日ヨリ其ノ改築ニ着手セリ
六月二〇日　本日ヨリ校下各町ヨリ後援ヲ得テ新防空壕ヲ構築スルコトトナリ、運動場五ヶ所ニ工事ヲ開始セリ

しかし、東京が大空襲によって甚大な被害を受けた昭和二〇年三月以降は、米子においても防空壕の新築や改築が盛んに行われ、空襲への緊張感が高まっていきます。

【昭和二〇年】

七月二三日　敵機来襲其ノ度ヲ増シ危険迫レルニ付一般市民ニ対シ日常生活必需品ノ疎開ヲ奨励スルト同時ニ急速ニ建物疎開人員疎開ノ実施ヲ見ルニ至リ本校ニ於テモ分散教育ヲ実施スルヨリ学童縁故疎開ヲ徹底的ニ勧奨スルコトトナシタリ。

七月二四日　敵機初メテ米子飛行場及ビ中浜飛行場ヲ爆撃シタガ一般市民ハ何等被害ヲ受ケズ。

七月二五日　午前七時ヨリ午後三時頃迄ノ間ニオイテ波状形襲撃ヲ四回繰リ返シ、延べ約三〇〇機前日ト同様爆撃シ、前日ノ外ニ米子駅、日曹第二工場等ヲ爆撃シタガ損害極メテ軽微。勿論本校校舎職員児童ニハ何等ノ事故ナシ。

七月二八日　敵機来襲爆撃ヲ受ケタガ本校ニハ何等ノ被害ナシ。

そして、七月に入ると山陰のような田舎にも空襲が行われるようになりました。二五日の爆撃では「被害軽微」とありますが、米子駅を狙った爆弾が駅前の旅館に落ちて、七名が死亡するという大きな被害を受けています。また、二八日の空襲では「本校には何等の被害なし」とありますが、この空襲は戦時中に山陰で最大の被害が出た「大山口列車空襲事件」を指しています(47)。

このように、大都市から疎開児童を受け入れる側であった米子でも空襲に遭うことが多くなり、義方校の児童もさらに安全な地域へ疎開していくことを余儀なくされるようになりました。奉安殿に安置されていた御真影は、ひと足先に日野郡の福栄小学校に疎開し、子どもたちも西伯郡や日野郡の学校への疎開が奨励されるようになりました。

【昭和二〇年】
八月一一日　学童縁故疎開強力勧奨ノ為本日ヨリ初三以上初六迄ノ担任ハ午後家庭訪問ヲ開始セリ。
八月一三日　本日ヨリ当分登校停止ヲ命ジ、家庭学習家庭作業ヲ命ジタリ。併シ職員ハ出勤ス。
八月一五日　本日正午放送ニ於テ大東亜戦争ノ終結ノ勅語ヲ全国民ニ賜フ。勅語ハ昭和二〇年八月一四日ニ下賜ガアッタモノデアル。

義方校では集団疎開は実施されていないので、実際にいつから子どもたちの疎開が始まったのかは分かりませんが、八月一一日に三年から六年の各担任が疎開を勧めるための家庭訪問を行い、その二日後には登校を停止して家庭学習を命じていることから、実際に疎開した児童はそう多くはなかったと考えられます。

そのような中で八月一五日を迎えることとなります。

他校の沿革誌には、八月一五日の出来事がどのように記述されているかわかりませんが、義方校においては実に淡々と事実だけが記録されています。戦争が終わって安堵した様子とか、敗戦の悔しさだとかは伝わってきません。

ともあれ、長きにわたった戦争は終わりを迎えますが、戦争を支えた考え方や社会のシステム、組織などはこの日をもって大転換を果たしたのではありません。それまでの国のあり方を見つめ直して新たな道へ進むことに踏ん切りをつけるまでにはもう少し時間がかかることになります。それは、学校教育においても同じことでした。

注

（１）ベーデン・パウエルが著書『スカウティング・フォア・ボーイズ』で、

①神と国王とに私の義務を果たします　②常に他人を助けます　③スカウトのおきてを守ります

という三つの〈ちかい〉と、

①スカウトは名誉を重んずる　②スカウトは国王、上官、両親、国家、及び雇主に対して忠実である　③スカウトの義務は有用の人物となって他人を助けることである　④スカウトは身分階級を問わず総ての人の友であり、他のスカウト総ての兄弟である　⑤スカウトは礼儀正しい　⑥スカウトは動物の友である　⑦スカウトはその両親、班長（パトロール・リーダー）又隊長（スカウト・マスター）の命令に絶対に服従する　⑧スカウトはどんな状況にあっても微笑み口笛を吹く　⑨スカウトは勤勉である　⑩スカウトの思想、言語、行為は清らかである

という十の〈おきて〉を示した。

少年団日本連盟ではこれをもとにして、

①神明を尊び、皇室を敬います　②人の為、世の為、国の為に尽します　③少年団のおきてを守ります

という三つの〈ちかい〉と、

①健児忠孝を励む　②健児は公明正大、名節を生命とする　③健児は有為、世を益することを務とする　④健児は互いに兄弟、総ての人を友とす　⑤健児は常に親切、動植物を愛する　⑥健児は長上に信頼し、各団長に服従する　⑦健児は快活、笑って困難に当る　⑧健児は恭謙、礼儀正しい　⑨健児は勤倹質素である　⑩健児は心身共に清い

という十の〈おきて〉を示した。

（2）大日本東京海洋少年団は、のちに少年団日本連盟に海洋部として加盟している。

（3）「鳥取県西部で淀江海洋少年団を設立した小学校長 崎田茂信は、直後に米子市内の小学校に転勤となったが、そこでも米子市就将海洋少年団を立ち上げた。前任校の海洋少年団は、町長が団長を務めることになった。このように小学校長が積極的に海洋少年団の設立に参加した例もあった。」（『海洋少年団の組織と活動 ～戦前の社会教育実践史～』より）

（4）海洋指導者実習所とは指導者研修のことで、昭和三（一九二八）年に神戸で行われた第一回海洋指導者実習所の参加者名簿には尾崎幹雄、松本守城の二名の訓導の名がある。しかし、海洋少年団としての登録はなく、「米子義勇少年団」として参加している。特記事項欄に「米子市義方小学校」とあり、義勇少年団は単なる誤記ではないかと思われる。

（5）海洋少年団活動への参加の記録は、『八十年誌』に次のように記されている。
「この様にしてスカウト訓練の基礎は相当強固になりましたので昭和一〇年の夏から海洋訓練をはじめる事に決定し、日本連盟から原海洋部長（海軍少将）を招いて錦海海洋実修所を開設し、淀江、就将等の海洋団と協力してこの教育の推進に努めました（当時は少年団は全校組織でありましたが海洋訓練は前述の通り特殊訓練でありますから、五・六年生のみ施していました）。」

（6）「児童生徒に対する校外生活指導に関する件」（昭和七年一二月一七日文部省訓令第二二号）

（7）ナチス政権下で多くのドイツ国民が国民社会主義ドイツ労働者党員となっていく中で、若者は少年向けのヒトラーユーゲント（ＨＪ）やドイツ女子同盟（ＢＤＭ）に参加した。一九三六年までにドイツの若者の大多数が組織に加入し、一九三九年には入会が強制となった。リチャード・ベッセルは著書『ナチスの戦争』の中で、「ナチスの青年組織は政権への国民の忠誠を強固にするもっとも効果的な方法のひとつだったが、その一方で既存の伝統的な権威（すなわち学校、教会、家庭）を弱体化させ攻撃するのにも役立った。」と言い、他党の秘密通信員の次のような報告を引用して、青少年が集団訓練の中で国家に奉仕する体制に組み込まれていく危険性を説いている。「若者は相変わらず体制を支持している。教練、制服、キャンプ生活など目新しいものに魅かれ、若者の団体に比べれば学校や家庭は二の次だと考えているのだ。」「ヒトラーユーゲントの扇動により、子供たちや若者たちのほうが両親に対し、よきナチになれ、マルクス主義を捨て抵抗をやめユダヤ人と接触するな、と求めている。」日本の少年団活動は学校教育や家庭教育を否定するような教えはなかったので、ヒトラーユーゲントと同列に考えることはできない。

（８）初期の初等教育研究発表会は旧市内四校、つまり明道、義方、啓成、就将の四校で回っていたようである。昭和八年の第一回から昭和一五年の第八回まではこの四校のみの輪番で、第九回に初めて四校以外の福生小が発表している。しかし、その時も啓成校との二校発表で、以後加茂小や住吉小など市内の各小学校が研究発表するようになるが、必ず旧市内四校のどこかは毎年発表校となっており、四校以外の学校だけで開催されたのは、昭和四一年の第三二回になってからで、実に三〇年間以上は四校が特別な立場であったことがわかる。

（９）少年団では一〇歳から一二歳までを「幼年健児」、一三歳から一六歳までを「少年健児」、一七歳以上を「青年健児」と呼んでいた。義方校の訓練課目は「幼年健児特技章規定」に含まれないものも多く、幼年と青年の中間に位置づけられるような訓練内容ととらえることができる。

（10）二荒芳徳伯爵は伊予宇和島九代藩主伊達宗徳の子として生まれ、二荒芳之伯爵の養子となった。少年団活動においては、少年団日本連盟理事長、大日本少年団連盟副団長を務めた。日本体育専門学校（現　日本体育大学）校長も務めている。

（11）名和公とは建武の新政の時に、隠岐に流されていた後醍醐天皇の隠岐脱出を助け、楠木正成や新田義貞らとともに足利尊氏と戦った伯耆国の豪族である名和長年のことを指す。天皇を助けた忠臣であることから、戦前の鳥取県では崇拝の対象だった。学校が参加する祭礼の中にも、勝田祭、天神祭など、勝田神社や賀茂神社の祭礼とともに、名和祭という祭礼も記録されている。

（12）「三指礼」は三つのちかいを表すスカウトサインであるが、昭和七年に軍部から少年団日本連盟に対して軍隊式の「五指礼」を強要し、連盟がこれを拒否した事件があった。以後、少年団は「三指派」と「五指派」に分かれるが、義方校は本来のスカウト活動に基づく「三指の礼」を用いていたことがわかる。

（13）昭和一一年に義方校が作成した『郷土教育資料』には、隊の名称が乃木隊、東郷隊ではなく、楠木隊、和気隊となっている。楠木正成、和気清麻呂から取った名前と思われるが、いずれも時の天皇の忠臣として名高い人物である。

（14）御真影に関する歴史的経緯や関係法令等の基本的認識については、『天皇の肖像』と『御真影と奉護』を参考にした。

（15）複写は不可と言いながらも、明治二一年の御真影は実際には天皇を直接撮影した写真ではなく、イタリア人画家のエドアルド・キョッソーネが描いた肖像画を撮影したものだった。

（16）「小学校祝日大祭日儀式規程」の祝日大祭日は、四方拝（一月一日）、元始祭（一月三日）、孝明天皇祭（一月三〇日）、紀元節（二月一一日）、春季皇霊祭（三月二一日）、神武天皇祭（四月三日）、秋季皇霊祭（九月二三日）、神嘗祭（一〇月一七日）、明治天長節（一一月三日）、新嘗祭（一一月二三日）だった。

（17）天長節は明治天皇の誕生日として定められた。大正天皇即位後は大正天皇の誕生日が天長節となったが、盛夏の八月三一日だったため、別に一〇月三一日を「天長節祝日」として定め、学校等の祝賀行事はこの日に行うこととした。昭和天皇即位後は昭和天皇の誕生日である四月二九日を天長節として定めるとともに、明治天皇をたたえるために明治節を定めた。また、「天長節祝日」は季節的に設ける必要がなくなり、廃止となった。

（18）終戦間近の昭和二〇年四月に、西伯郡境町（現 境港市）で陸軍の徴用船である玉栄丸が火薬類の荷揚げ中に爆発を起こして多数の死傷者を出したという大事故があったが、沿革誌には「軍関係ノ火薬事故アリテ微震ヲ感ジタレドモ被害無ク奉安殿ニモ御異状ヲ拝シ奉ラザリシハ喜ビタリ」とある。人身の安全よりも御真影の安全を喜ぶという当時の価値観がわかる記述である。
(19) 明治二九（一八九六）年に三陸を襲った大津波の際に、御真影を守ろうとして殉職した箱崎尋常高等小学校（岩手県）の栃内泰吉について、多くの新聞・雑誌がその功を称賛した。しかし、それに対して『国民新聞』という新聞に「写真は再製できるが、人命は再生できない」と栃内の行動を批判する記事が投稿され、猛烈なバッシングを受けることとなった。以後、御真影を写真としてとらえて人命と比較するような意見は公の場面では表明できない社会となっていく。
(20) 『第七二回　県史だより』（鳥取県公文書館）によると、「米子市では、一九四五（昭和二〇）年六月三〇日に米子市、角盤校、明道校、義方校の御真影をまとめて、岡山県境に近い福栄国民学校（現　日南小学校）に疎開させました」とある。福栄小学校は平成二一（二〇〇九）年に周辺五校と統合し、現在は日南小学校となっている。
(21) 「国家神道、神社神道ニ対スル政府ノ保証、支援、保全、監督並ニ弘布ノ廃止ニ関スル件」（昭和二〇年一二月一五日連合国軍最高司令官総司令部覚書）
(22) 鳥取県における御真影奉安殿の撤去については、『第七六回　県史だより』（鳥取県公文書館）の「『消えた』奉安殿を追って」に詳しく書かれている。
(23) 紀元節は現在「建国記念の日」となっている。この日が祝日に制定されたのは戦後二一年を経過した昭和四一年だが、戦前への回帰につながる心配から、当時は多くの議論が交わされた。
(24) 沿革誌には、昭和三五年まで「新年祝賀会」の記録があるが、戦前のように児童を登校させることはなかったようである。
(25) 荒尾氏は、鳥取藩主池田氏と親戚関係にあり、鳥取藩の家老として政治をするほか、伯耆で一万五千石の土地をもち、米子城主として米子町の支配をした。これを自分手政治と言う。（『米子のふるさと散歩』より）
(26) 昭和一四（一九三九）年五月、中国との戦争によって医師が徴兵されたことで国内の医師不足が生じたり、多数の軍医を従軍させる必要が生じたりすることを理由に「帝国大学及官立医科大学に臨時附属医学専門部を設置する」という勅令が公布された。昭和一八（一九四三）年には、臨時附属医学専門部に加え、医学専門学校が設立された。

（27）昭和一八（一九四三）年九月一〇日に鳥取県東部を襲ったマグニチュード七・二の地震で、鳥取市街地は壊滅的な被害を受け、一〇〇〇名を超す死者が出た。

（28）東条英機の首相在任は昭和一九（一九四四）年七月までであり、米子への医学専門学校誘致が決定した一二月には近衛秀麿首相に代わっていた。また、斎藤千城と東条英機の親交については、『鳥取大学三十年史』に「当時の米子市長斉藤千城氏が、かつて関東軍、軍医総監であり、当時の実力者、東条英機氏と同室に起居した仲であったため、米子への誘致が成功したという意見が有力である」という記述がある。

（29）前橋は前橋工業高校、青森は青森市立野脇国民学校、松本は松本中学校（中学校と共用）が、それぞれ医学専門学校校舎に転用された。

（30）教育後援会は、「学校全般に亘り教育事業の向上進歩」を図ることを目的に、昭和七（一九三二）年六月に発会した。昭和二二（一九四七）年九月、「父母と先生の会」創立とともにその役割を終えている。

（31）沿革誌には『大阪朝日新聞』とあるが朝日新聞鳥取版を指すと思われる。同新聞昭和一九年一二月二〇日号に「官立医専 義方校を校舎に」という見出しの記事が掲載された。地元紙の『日本海新聞』は、一二月二一日号では「病院、学校は未定」にとどまっており、一二月二七日号で「義方、精華、米子、博愛病院に決定」と報じている。

（32）校長と教育後援会会長との協議、教育後援会役員会、文部省・県・市担当者の視察調査等の記事がひと月の間に八回も記録され、学校職員及び教育後援会役員が対応に追われていることが沿革誌からわかる。異色なものは、一二月二二日の「本校大先輩齋藤千城市長の慰安会開催」という記事である。敢えて慰安会開催を沿革誌に残した意図は不明である。

（33）『六十年誌』には、齋藤市長が久留米第一二師団軍医部長時代に寄稿した記事が掲載されている。

「（略）公務の関係上、極めて稀に帰省し得るのみ、たまたま、もと義方校のありし寺町あたりを逍遥して、往時を偲ぶも現に建造物の様子も様かはり、当時の諸先生に逢ふことも心にまかせず、追想をすると夢の様であります。」

(34)角盤高等小学校は、昭和一六（一九四一）年の国民学校令によって角盤国民学校となり、昭和二〇（一九四五）年三月三一日をもって廃校となった。本章では高等小学校、国民学校の校名の総称として「角盤校」を使用し、校舎の名称として「角盤校舎」を使用する。

(35)総泉寺は、義方校と同じ明治六（一八七三）年に明道校が開校した場所である。明道校は翌七年に堀端町（現 加茂町）に移転している。

(36)羽山八百蔵は嘉永六（一八五三）年、鳥取士族の家に生まれ、幼少から神童と言われた。藩校尚徳館に通い、次いで正墻適処の家塾で儒学書道を学んだ。明治六（一八七三）年に仮助教となり初めて教壇に立ち、明治八（一八七五）年鳥取県小学校教員伝習所を終了すると、米子車尾校の第三代校長となり、翌明治九（一八七六）年明道校の校長に転じた。明治二〇（一八八七）年米子角盤高等小学校が創設されると、校長として迎えられた。明治二三（一八九〇）年五月、義方校片柴乙勝校長（第八代）の急逝により、角盤校と義方校の校長を兼任する。明治三二（一八九九）年から四五（一九一二）年まで郡視学として卓越した識見により、郡内教育の堅実な進歩を促した。（『鳥取県大百科事典』及び『六十年誌』参照）

(37)鈴木千代松は明治九（一八七六）年、鳥取市に生まれた。鳥取師範学校第一回生の首席で卒業後、米子角盤高等小学校訓導となり、破格の高給で採用されて話題になった。その後、西伯郡淀江町の養良小学校校長を経て、再び角盤高等小学校に第二代校長として迎えられた。角盤校では軍事訓練と質実剛健の校風で名を挙げた。静かに人の言に耳を傾け、温容をもって人に接した。侵し難い威厳をもち人を心服させる風格があった。県下初等教育界の第一人者。（『鳥取県大百科事典』を参照）

(38)①男子便所改造　②女子便所新設　③工作室改造　④講堂裏の器具室改造　⑤体育器具倉庫新設　⑥図画室を普通

教室に　⑦理科室を普通教室に　という七点を要望している。

(39)軍医養成という目的を失った医学専門学校のうち、著しく条件の劣るものは廃校となったが、米子医専は県をあげての昇格運動の結果、昭和二三（一九四八）年に米子医科大学設置が認可された（米子医専は昭和二六年に自然廃校）。昭和二四（一九四九）年の国立大学設置法公布に伴い、農専、師範、青年師範、医大が統合して鳥取大学が設立され、昭和二六（一九五一）年に鳥取大学医学部が発足した。（『鳥取大学医学部ホームページ』参照）

(40)この時期、各県単位で満州等への視察団が派遣されている。東京教育会視察団の記録である『鮮満旅行記』には、視察の目的について「一刻も早くこの新国土を認識して帰って小国民教育に之を授け、以て日本国民が永遠にこの国土経営にあやまりなからんことを祈って」と記している。

(41)文部省は、昭和一三（一九三八）年六月「集団的勤労作業運動実施ニ関スル件」を通牒した。作業の実施期間は、夏期休暇の始期終期その他適当な時期において、中等学校低学年は三日、その他は五日を標準とし、その対象としては農事、家事の作業・清掃・修理、防空施設や軍用品に関する簡易な作業、土木に関する簡易な作業を選んだ。これは当時の実践的な勤労教育の考え方に基づくものだった。

(42)「青少年学徒食糧飼料等増産運動実施要項」において、文部省は食糧等の生産に関わる活動を教育として位置づけ、作業を授業として認めた。

(43)「決戦教育措置要綱」（二〇年三月）、「戦時教育令」（同五月）により、授業は停止され、国は学徒に対して最後の奉公を求めた。

(44)角盤高等小学校は、明治期には米子町の四校（義方、明道、啓成、就将）と、周辺八ヶ村（成実、車尾、福生、福米、加茂、住吉、彦名、夜見）による組合によって運営されていた。昭和二〇年当時は、成実、彦名、夜見以外は米子市に編入されていた。角盤校の廃止に伴って、それらの学校に高等科が併設された。

(45)米子飛行場は、昭和一三年六月に加茂村両三柳（現 米子市両三柳）に、東京〜京城（ソウル）〜新京（長春）を結ぶ国際線の燃料補給が主たる目的の飛行場として建設された。同年、民間パイロット養成のため逓信省航空機乗員養成所が開設され、終戦と同時に閉鎖されるまで約七〇〇人が学んだ。昭和一六年に陸軍飛行場となり、終戦直前には特攻隊も編成されたが、出撃の前に戦争は終結した。

（『米航養史』『陸上自衛隊米子駐屯地ホームページ』参照）

(46)『鳥取県の戦災記録』には、飛行場で松林に飛行機を隠すための道路を整備していた啓成校の五年生が、作業中に事故に遭って死亡した記録が「小学校五年生で戦死」と題して掲載されている。

(47)昭和二〇年七月二八日午前七時三〇分頃に、山陰線大山口駅（大山町）近くで、京都発大社行き列車をアメリカ軍艦載機三機が襲撃し、四四名が死亡し、三一名以上が負傷した事件。

第四章　戦後の義方校

一　占領下の義方校

終戦当時の学校教育

昭和二〇（一九四五）年八月一五日、長きにわたった戦争は日本の敗戦という結果で終結しました。私たちが目にする終戦当時の映像の多くは、廃墟と化した大都市の風景を映し出しているものなので、終戦後しばらくの間は社会が混乱状態にあったのではないかと勝手に想像してしまいますが、空襲被害をあまり受けなかった地域ではそうでもなかったようです。

【昭和二〇年】
八月一八日　疎開学童ノ帰校ニ関シ初三以上初六迄ノ担任ハ各々家庭訪問スル。
八月二〇日　本日ヨリ登校ヲ命ジ午前八時三〇分ヨリ大詔奉読式ヲ挙行シ、午前一一時ヨリ全職員ニ対シ聖旨奉戴ノ訓示ヲナシ相偕ニ誓ッテ今後モ国体護持ニ任ズベキ決意ヲスル。

義方校では終戦の三日後に、疎開している児童の学校復帰に向けて初等科三年生以上の担任全員が家庭訪問を実施し、学校再開に向けての動きを始めています。八月二〇日の大詔奉読式の「大詔」は「終戦の詔書」を指しますが、「聖旨奉戴ノ訓示ヲナシ相偕ニ誓ッテ今後モ国体護持ニ任ズベキ決意ヲスル」とあるように、当時の教師は戦争が終結しても、天皇中心の国家のあり様を継続することについて疑ってなかったようです。

【昭和二〇年】

八月三一日　八月一五日ニ詔書ノ下賜ガアッタノデ八月一六日以来学童ハ夏季休業トシテ家庭ニ在ッテ学習並ビニ作業ニ従事サセタガ、九月二日迄之ヲ継続シ、九月三日ヨリ午前八時迄ニ登校サセ、午前中学習及ビ作業ヲサセルヤウ決定シ之ヲ命ジル。但シ休業期間中トイヘドモ日直職員ノ学級児童ハ登校サセ午前中指導ヲシテ、正午帰宅サセルコトトスル。

九月一五日　全県一斉ニ本日ヨリ平常通リノ授業ヲ開始セリ。

九月一七日　父兄参観日ニ当タリ、新日本建設上ノ心構ニ付学校長ノ指導アリタリ。

一〇月一六日　初四ノ二算数落合訓導研究授業ヲナシ放課後批評会ヲ開催セリ。

一〇月二七日　米子運動場ニ於テ米子市聯合体育会ヲ挙行シ、閉会後本校ニ於テ反省会ヲ開催セリ。

終戦からちょうど一ヶ月後の九月一五日に、鳥取県では平常通りの授業が再開します。その二日後には参観日があり、翌月には四年二組で算数の研究授業が行われています。急速な勢いで学校教育が元に戻っていく様子がわかります。空襲被害の大きかった都市部では、状況は違っていたことでしょう。校舎が焼失したまま、屋外で授業を受ける「青空教室」の様子を写真で見たことがありますが、被害の小さかった鳥取県では、学校教育が以前の姿を取り戻すのにはそう時間がかからなかったようです。

進駐軍の占領政策

しかし、間もなく田舎の学校においても、以前と同じではないという現実を突きつけられることになります。連合国による占領政策の始まりと、その中での教育方針の大転換です。それは、二〇年九月一五日の「新日本建設の教育方針」の発出から始まります。文部省が出したこの「新日本建設の教育方針」では、「国体ノ護持ニ努ムルト共ニ軍国的思想及施策ヲ払拭シ平和国家ノ建設ヲ目途トシテ」とあり、天皇中心の国家は維持しつつ、軍国主義を廃し、平和国家を目指すというように、戦前の教育からの方針転換を明らかにしています。

これが学校現場に行き渡るまでには時間を要しており、米子市において方針の伝達が行われたのは発出から三ヶ月も経った一二月一五日のことでした。そして、同時期に出された連合国軍総司令部のいわゆる「教育の四大指令(1)」は、軍国主義の否定にとどまらず、国家神道の否定や、修身、日本史、地理の授業の停止など、教師の予想を超えるものでした。そして、連合国の占領下におかれた日本では教育も占領軍の監視下におかれ、それは米子のような地方の小都市においても例外ではありませんでした。

【昭和二〇年】
一〇月二九日　前日電話ニテ米中校長ヨリ、一〇月二九日ニハ鳥取市ニ進駐軍到着スルニ付、米子市学徒ハ本日ヨリ左記励行スルコトトナレルヲ以テ本校ニ於テモ之ヲ実施スルコトトナセリ
一　左側通行ノ励行　一　巻脚絆ノ廃止　一　挙手敬礼ノ廃止
一　集団的登校下校ノ廃止

進駐軍とは、連合国による占領軍のことを指します。連合国のマッカーサー総司令官が昭和二〇年八月三〇日に厚木飛行場に降り立ってから、進駐軍による日本の占領が始まりました。その日から二ヶ月経って鳥取県にも進駐軍がやって来ましたが、米子にはアメリカ軍、イギリス・インド軍、オーストラリア軍が進駐し、商工会議所、鳳翔閣(2)、飛行場等を接収して使用しました。

学校現場では右記の指令により、子どもたちは左側歩行が徹底されたり(3)、挙手敬礼が禁止されたり、集団登校や集団下校が禁じられたりして、少なからず混乱があったものと思われます。集団での登下校がなぜ廃止させられたのかよくわかりません。軍国主義的教育の表れとでも思われたのでしょうか。

【昭和二一年】
一月二五日　情報官三名通訳二名来校校内ヲ巡視セリ
時刻ハ午前九時三〇分頃巡視時間ハ約三〇分位ナリシヲ以テ只校舎内ヲ一巡シタルモノナリ

一月三〇日　禁使用地図中使用シ得ルモノヲ残シ他ハ全部焼却処分ヲナセリ
二月一九日　進駐軍二名通訳ト共ニ来校職員室ニテ職員ニ二、三質問
武器ハ無イカ　何トイフ学校カ　生徒数ハ何人カ等ノ程度ノ事ニ付回答ヲ求メテ直チニ帰レリ
三月二一日　休日日直生和訓導勤務中情報官ラシキ進駐軍四名来校
児童数教員数学級数校長氏名等ヲ聴キ理科準備室ニ入リテ調査シタル後帰レリ

昭和二一年になると、進駐軍の軍人が頻繁に学校にやって来るようになります。目的は占領下の教育政策が守られているかどうかの確認だったと思われます。軍国主義的教育が復活しないように目を光らせる進駐軍は、少しでも妙なものがあると詰問したり、場合によっては押収したりするようなこともあり、優勝旗の旗棒の先端部（剣先）を武器と勘違いして押収しようとする笑い話のようなこともあったようです。

【昭和二一年】
七月　九日　進駐軍英将校三名（ローゼン少佐殿、ブリークリー大尉殿、外少尉殿一名）学校視察ノタメ御来校。九時半ヨリ約一時間、校長室ニテ修身、地理、歴史ノ授業停止ノ情況、マ司令ノ通牒ノ処理状況、校長室ノ図書検閲、職員室ノ情況、高一、六ノ二ノ授業視察ノ後　奉安殿ニアリシ「大日本史」全二五冊中ノ第一〇巻一冊ヲ持チ帰ラル
学校長ハ直チニ情況報告ノタメ上県シ、教学課長並ニ担当視学委員ニ事情ヲ報告シ、何

分ノ指示アルマデ指令ヲ待ツコトトス。

七月一三日　鳥取師範学校村上教授ノ斡旋ニヨリ、七月九日進駐軍ノ持チ帰ヘラレタル「大日本史」ノ処分ニ関シ学校長出張、村上教授ノ紹介ニヨリブリークリー大尉殿ニ面会シ左ノ如キ注意ヲ受ケテ書物ヲ返還サル。

此ノ書ハ大事ナ日本ノ古典ダカラ濫リニ廃棄セヌヤウニ保存シオクガヨイ。唯文部省ノ指示ニヨリ学校ニハ修身、国史、地理ニ関スル書物ハ置イテハナラヌコトニナッテイルノダカラ校長ノ私宅ニ大切ニシマッテオクヤウニトノ入念ナル注意ヲ受ケテ大日本史第一〇巻ヲ手渡サル。

直チニ県庁教学課ニモ事情ヲ報告シテ帰校ス

そのような中で、義方校の奉安殿内に保管していた「大日本史」という書物が[4]、進駐軍の将校によって発見され、押収されるという事件が起こります。歴史等の授業停止の順守が命じられている学校としては大事件で、終戦翌年に着任した湊口賢二校長（第一八代）はすぐに県庁に赴いて指示を仰ぎました。当時、校長の中には戦犯として罪を問われていたような人もいて、禁じられていた歴史関係の書物を学校に保管していたことは、占領政策に対して異を唱えていると捉えられて、処罰を受けても仕方のないことでした。

その危機を救ったのは、鳥取師範学校の村上義幸主事でした（沿革誌では「教授」となっているが、正しくは「主事」）。後に付属小学校の校長を務める村上主事には進駐軍に知人がいて、その知人を通じてこの一件を「問題にしないように」と依頼したようです。このような働きかけもあって、湊口校長は注意を受けただけで済み、大きな問題になることはありませんでした。
なお、沿革誌七月一三日の記事には続きがあり、湊口校長は次のような自戒の文章を残しています。

【昭和二一年】
七月一三日　本事件は再度県よりの注意ありたるにも不拘斯くの如き手落ちありたるものにして全く校長の不注意によるものにしてその責重大なり、幹部職員の熱心なる犠牲的努力と村上主事の奔走により漸く事なきを得たるものにして感謝に堪へざると共に学校の不名誉を印したるは慙愧に不堪、今後十分戒心し再び斯かる失態なき様努力すべく学校長深く肝に銘じたり。

この事件について『米子市初等教育史』では「進駐軍の権力と敗戦国日本のおかれている立場を知る格好の挿話である」としていますが、進駐軍と学校との関係性は、沿革誌の文章からも読み取れます。進駐直後の記述では「情報官三名通訳二名来校校内ヲ巡視セリ」と普通の表記ですが、「大日本史事件」以後は、「進駐軍英将校三名（ローゼン少佐殿、ブリークリー大尉殿、外少尉殿一名）学校視察ノタメ御来校」というように敬語、敬称が使われています。正に、占領する側と占領される側との関係性が明確に読み取れる記述です。しかし、昭和二二年になると「アリマ中尉殿他二名学校視察ノタメ御来校」の「御」の字が見え消し線で消され、以後は敬語も見られなくなります。占領が長引くにつれ、関係性も微妙に変わっていったものと思われます。

【昭和二二年】

二月二六日　去ル一月一六日、鳥取軍政中隊ヨリノ視察ヲ受ケタル際ノ講評覚書ヲ受領ノタメ学校長上県ス　要旨左ノ通

学校視察　鳥取軍政部隊　アリマ中尉デミット伍長

備考一　校内大いに喧噪、民主的教育とは生徒に公共の福利に関する責任と心得を受け容れさせることを意味する。生徒はその遊んでよい時、大騒ぎをしてもよい時、又教室で話してよい時を心得ているべきである。生徒達が彼等の意見を発表することをさせないやうにするのは非民主的であるが、生徒がその番の廻ってくるまで静かにさせておくのは立派な民主的教育である。

二　進駐軍の指令の完全な綴りに、各教師が各指令を読み了解したことを認めた認書をつけたものが綴られていない。

三　校内の教員教育計画は十分に首肯されない。

四　勉強中の生徒がそのあらん限りの声で斉読することが一般に行はれている。当本部はこの問題に属し接したが大抵の学校に於て、この点では殆ど寧ろ全く改良が認められていない。

この記事は、前月に実施された学校視察の講評内容が記載されています。当時の授業について外国人将校がどのように見たかということがわかる興味深いものです。アリマ中尉らが何年生の授業のどのような場面を見て講評したかはわかりませんが、学習規律等に関して批判的な意見が多々記載されています。

特に、校内が騒々しいことについて、「公共の福利に関する責任と心得を受け容れさせることや、発表の番が廻ってくるまでは静かにさせておくことが民主的な教育である」と、アリマ中尉は指摘しています。この点については、義方校の教員に対して「君たちは民主的な教育というものがわかっているのか？」と言っているようです。

しかし、この時はまだ戦争が終わってから一年半しか経っておらず、軍国主義に基づく教育が徹底されていたところから一転して、民主的教育へと教育観が一八〇度転換した中で、当時の先生方が「民主的な教育とはどうあるべきか」という点について迷いながら教壇に立っていた時期です。加えて、戦争協力のために使い慣れた校舎を明け渡し、角盤校舎の狭くて暗い環境下の学習を強いられている子どもたちにも複雑な思いがあったに違いありません。

【昭和二七年】
五月　一日　日本国独立記念式を校庭に於て挙行す

連合国の占領下に置かれていた日本は、サンフランシスコ平和条約の締結によって独立を果たします。義方校においても、昭和二七（一九五二）年五月一日に、校庭で独立記念式を行っています。連合国による統治は五年半にも及ぶのですが、沿革誌に進駐軍の記事が頻繁に出て来るのは昭和二一年度までで、それ以降はほとんど見当たりません。学校への直接的な関与はほとんどなかったようです。この間、教育基本法の制定をはじめ、六三制の義務教育、社会科・家庭科の新設など教育制度の改革が着々と進められ、学校現場に対しては監視の必要が早々になくなったのかもしれません。

義方校においては、この独立記念式の二ヶ月後に立町校舎の第一期工事が竣工し、一部の学年が角盤校舎から立町校舎に移っていきます。真新しい校舎で、戦後の民主的な教育が進められていくことになるのです。

昭和22年度の入学写真（義方校 蔵）
角盤校舎玄関に掲げられた校名板（右側）の反対側には「GIHO ELEMENTARY SCHOOL」の校名板が掲げられていた（丸印部分）。占領下の学校では英語表記が日常的であった。

二　義方国民学校校舎新築設備改善期成同盟会

戦争犠牲校

戦時中に軍医不足の補完を目的として設立された医学専門学校に校舎を明け渡し、一四五〇名の児童が終戦前後の数年間を、七五〇名しか収容できない他校の校舎で過ごすことを余儀なくされた義方校は、「戦争犠牲校」と呼ばれることがあります。戦後間もない時期には、戦争犠牲校としての補償を訴えたこともあったようですが、校舎の焼失や損壊の被害がなかったことから認められませんでした。

『八十年誌』には、移転当時の福間恒治教頭（記事執筆当時は手間小学校長）による手記の中に「戦勝の暁には鉄筋の立派な新校舎を建築してやるという米子市の条件を唯一の希望として、国策に沿うため悲壮な覚悟の上に、校下を挙げて懐かしの校舎校地に惜別の式が行われた」という一文がありますが、「戦争後の新校舎建築」という市当局の約束については公式な記録には残っていません（同誌には「『何れは立派な学校を建てるのだから戦争完遂までは辛抱せよ』との時の米子市長齋藤干城氏の口約」という文も見られる）。

移転当時に最前線でその対応に当っていた教頭先生が手記に残しているからには、学校関係者や地域住民を説得する上で、市当局がそのような条件を提示したことは想像に難くありませんが、戦争に敗れて連合国軍の占領下に陥った状況では、新校舎の建築は夢のまた夢でした(5)。

それでも、新校舎建築は地域全体の悲願でした。伝統ある西町校舎を明け渡し、戦争中の苦難の時期から戦後にかけて、劣悪とも言える環境下で過ごしている子どもたちのことを思うと、一刻でも早く環境の良い校舎に子どもたちを移してやることが、親の願いでもあり、地域住民の願いでもありました。

西町校舎から角盤校舎への移転には元々無理がありました。前章に書いたように、角盤校舎は角盤高等小学校の校舎でした。当時の高等小学校は六年制の国民学校初等科卒業後に進む四年制の中学校や同じく四年制の高等女学校などとは別に、二年制として設けられた学校でした。従って、二学年しか在籍していなかった校舎に、六学年で、しかも当時県内最大規模の義方校が移転したのですから、その狭さは想像を絶するものだったに違いありません。

角盤校生徒数七五〇名の収容能力しかない校舎で約二倍の数の義方校児童が学習することは大変困難なことでした。しかも、戦後の昭和二一年度以降も児童数は増え続け、増築だけでは間に合わず、講堂を四つに仕切って教室に充てたり、理科室や音楽室などの特別教室も代用したり、果ては土間に机を並べて学習したりするようなことまで行われていました。教室や運動場も採光の状態は悪く、雨天ともなると、児童は狭い廊下でひしめき合って遊ぶ毎日だったようです。

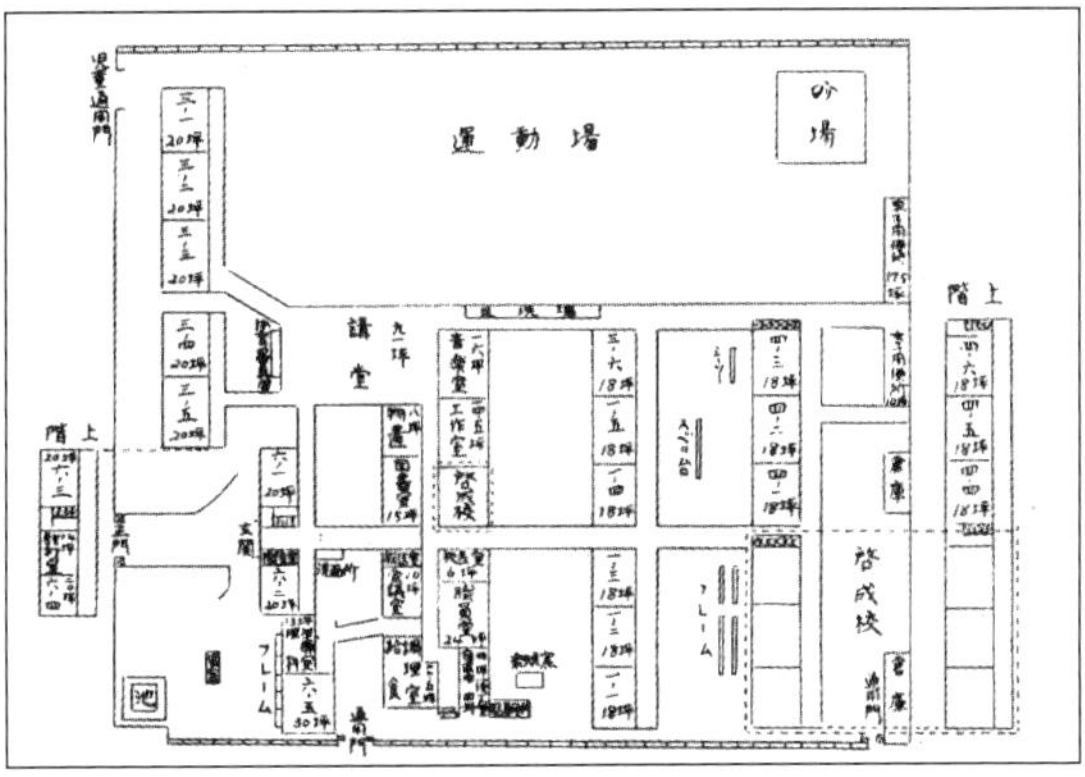

角盤校舎図（『八十年誌』から）

このような環境は、必然的に子どもたちの健康にも影響を及ぼすことになります。健康調査からは、特に体格が平均を下回ることと視力の悪い子が多いことが明らかになりました。健康面、衛生面の上からも、新校舎の建築は必要と考えられていたのです[6]。

期成同盟会の結成

そして、終戦から一年四ヶ月経った昭和二一（一九四六）年一一月、ついに地域の人々が立ち上がり、新校舎建築に向けての一歩を踏み出しました。「義方国民学校校舎新築設備改善期成同盟会」（以下「期成同盟会」）の結成です。

【昭和二一年】

一一月二八日　義方国民学校校舎新築設備改善期成同盟会発会式ヲ午後六時ヨリ開催
本会ハ、昭和二〇年四月官立米子医学専門学校ガ設置サレ、義方校校舎ガソレニ充テラレ、義方校ハ元ノ角盤校舎ニ移転セシタメ、校舎狭隘ニシテ設備不十分到底一四〇〇ノ児童ヲ収容シテ教育ヲ施スニ堪ヘズ。コノ窮状ヲ見ルニ忍ビズシテ、父兄校下有志ガ起ッテ、校舎ノ移転新築ヲ要望シ、之ガ促進運動ヲ具体的ニ展開センタメニ設ケラレタルモノニシテ、今後実現完成マデ努力セントスルモノナリ。

戦争中、人々は様々なことについて我慢を強いられてきました。西町校舎の明け渡しについても、国策としての医師養成のために涙を呑んで従ってきました。それが、終戦となり、新しい社会を築き始める中で、市民の要求としての教育環境改善運動の気運が高まります。そして、義方校の新校舎建築を実現させようということで結成されたのが期成同盟会でした。

期成同盟会の会長は義方教育後援会会長の後藤市右衛門氏、副会長は義方聯合町内会長の塩谷吉左衛門氏と義方教育後援会副会長の成田延氏、実行委員長は後の初代ＰＴＡ会長となる小西宗晴氏が務めています。また、実行委員には各町内会長と町内有力者総勢五八名が、顧問には校区選出の市会議員、校長、新聞社等一三名がそれぞれ名を連ね、校区在住であり義方校卒業生でもある有力者を中心に校区全体を巻き込んだ大規模な組織でした(7)。

期成同盟会の方針は「速かに義方校区・中心位置に校舎を新築する様活発なる運動を開始し一面取り敢へず応急措置として現校舎に児童を収容して教育実施に支障なき設備をすること」であり、その方法は「市並県当局へも陳情し充分なる同情と援助を仰ぐこと」であると記録されています。「義方校区の中心位置に校舎を」とあるのは、角盤校舎が隣接する啓成校区に位置していたからです。角盤校舎の問題は、その狭隘さが第一でしたが、「我が校」が校区外に建っている事実もまた大きな問題でした。戦時中の緊急事態であったとはいえ、隣の啓成校区に母校が位置しているということは、関係者にとって堪えがたいことだったと思います。義方校区内に校舎を再び取り戻すということは、関係するすべての人々にとって強い願いだったのです。

しかし、終戦後間もないこの頃は市も県も財政的に困難な時期であり、期成同盟会を結成して各方面に働きかけても、すぐに事態が動くようなことはありませんでした。沿革誌には、期成同盟会結成後の数年間に、期成同盟会幹部の面々が市当局や県当局、市議会や県議会等に陳情したり懇談を働きかけていったりしたことが、数多く記録されています。そのために期成同盟会の役員会や実行委員会も数多く開かれ、夜を徹した議論が繰り返されていたようで、その様は戦時歌謡になぞらえ「暁に祈る会」と呼ばれていたほどでした。

また、市議会での影響力を強めるため、「子どもを愛する一票を義方校下の候補者に結集しよう」との呼びかけにより、当時の市議会定員三六に対し、義方校区だけで一一名の議員を市議会に送り込んでいます。期成同盟会は、さまざまな角度から新校舎建築に向けての動きを重ねていったのです。

新校舎の建築に向けて

このような努力が実を結び、五年の歳月を要してようやく新校舎建築に向けての動きが始まることになるのですが、その経過を簡単にまとめると次のようになります。

【昭和二一年度】期成同盟会結成、実行委員会開催（以後数多く開催）
【昭和二二年度】市議会議員、市役所幹部、及び県知事、県議会議員、県庁幹部等と協議懇談を重ね、当局の視察を受ける
【昭和二三年度】当面の教室不足解消のため、角盤校舎を増築
【昭和二四年度】大きな動きなし
【昭和二五年度】期成同盟会の動きが活発化、教育長等市当局幹部及び市議会議員と協議
新学校建築の校地選定問題について学校職員に伝達
【昭和二六年度】教室不足が一層深刻化し、講堂を教室に転用して学

角盤校舎運動場での運動会の様子
（昭和25年　義方校 蔵）

級増加に対応、そのため入学式は廊下にて挙行
広島財務局、県市当局が度々視察調査を実施
新校舎工事起工式

この間、新校舎の建築運動が進められている中にあって、昭和二三年には角盤校舎の平屋建て部分に二階を増築し、増築竣工を記念した祝賀会や運動会等の諸行事も行われています。期成同盟会としては、新校舎建築が大きな目標でしたが、教室が足りずに子どもたちが満足に学習できない状況下では、角盤校舎の増築も止む無しということだったのでしょう。

しかし、増築はしたものの、児童数が増える中ではすぐに教室は不足していきます。昭和二六年には講堂を仕切って教室に転用せざるを得なくなり、その年の入学式は廊下で実施する事態に陥りました。また、教室の不足だけでなく、市が実施した照度調査では、ほとんどの教室が照度不足であることが明らかとなり、衛生面においても環境改善が喫緊の課題であることが証明されます(8)。

子どもたちや保護者、地域住民、そして期成同盟会の願いはあくまで新校舎の建築であったので、角盤校舎の増築工事とは並行して、新校舎建築に向けての動きもますます活発化していきます。昭和二四年の運動会には県教育長が来校していますが、県庁から教育長がわざわざ運動会を見に来ることは異例のことで、それまでに期成同盟会として県知事にも働きかけを行っていることから、教育長としての実状視察の意味合いもあったのではないかと推察します。

以後、期成同盟会は陳情等の動きを一層活発化させていき、ついに昭和二六（一九五一）年一〇月三〇日に新校舎起工式の日を迎えることとなります。

三　念願の立町校舎建築へ

困難だった用地取得

義方校にとって新校舎の建築というのは、単なる校舎新築工事ではありませんでした。当時、角盤校舎のあった場所は、現在、米子市公会堂として使われていますが、米子の方ならお分かりのとおり、とても一五〇〇名を収容できる校舎と運動場、体育館を設けるだけの広さはありませんでした。そして、何より角盤校舎は義方校区ではなく啓成校区に位置しており、校区内に義方校を戻すということは地域全体の悲願でした。

戦前に使用していた西町校舎については、戦後も医学専門学校が引き続き使用することとなり、教育制度改革の中で鳥取大学医学部へと発展していく道を辿ることになります。つまり、義方校が新しい校舎を建てるためには、新たな用地を取得することが必要でした。

当時県内有数のマンモス校であった義方校の建設用地となると、広大な土地が必要となります。校区内にそのような用地を確保することは困難を極めたようですが、選ばれたのは「ただす山」の北側に広がる立町の畑地でした。現在の校地でもあるこの場所は、今でこそ近くに何棟もの高層マンションが立ち並び、住宅や商店が密集する市街地ですが、当時は畑地の広がる地域でした。

そのような畑地でも、広大な土地には多くの地権者が存在しているので、一人一人に売却をお願いしていかなければなりません。現在では、そのような任務は行政が担うのですが、その当時、関係者を熱心に説得して用地買収に尽力したのは、期成同盟会の塩谷吉左衛門会長と小西宗晴実行委員長でした。塩谷会長は、当時の苦労を次のように述懐しています。

校区内で学校の建つほど広い土地を求めるのは大変なことでした。建築で一番むずかしいのは土地問題です。自分たちのほしい土地を手に入れることのむずかしさは尚更です。眼にみえる建物は自分の好きなようにもなるし、見栄えもよいですがね。

立町校舎のあたりは、川もあり作物もよくとれ、町に近いところですから、何故、学校をたてるのに自分たちだけが犠牲にならないといけないのかと大反対されて何度も地域の会合をひらいてもらい説得してもらったんですが、○○さんの所にいくと「土地ぬす人がきた」といって泣かれたりした。でも、義方校の発展にはここより他によい土地は考えられませんでしたから何度も何度もお願いしたのです。昭和二五年から土地買収にかかったのですが三年間もかかってやっと協力していただくことになったのです。

（略）

坪が三三〇円ぐらいでしたが、二、三年後には二・三倍にもなり、はじめに売ってくださった方からは不足がでたりしました。また、替地がないと話が進みませんでしたので、わたしはその替地になるところを買い求めなくてはなりませんでした。ところが、塩谷は自分で土地を買ってお金をもうけていると市議会で問題にされ、これには困りま

立町校舎建築当時のただす山
（運動会風景　義方校 蔵）

した。でも、時の安田教育長がそれは替地のためだと言ってくれてほっとしたのですが、その時ぐらいつらかったことはありません。

（『百年誌』「学校をささえ育てる姿」より）

用地取得について、ただならぬご苦労があったということがよくわかります。当時の湊口校長は、塩谷会長と小西委員長の功績について、末永く語り継がれるべきものであると感謝の言葉を沿革誌に残しています。

【昭和二七年】

八月二九日　校地拡張買収について期成同盟会長塩谷吉左衛門氏、ＰＴＡ会長小西宗晴氏の絶大なる尽力により大凡その目標地の買収が出来た。

【昭和二八年】

三月二九日　本校舎建築については市当局の尽力と相俟って、校地買収に甚大の苦心と精力を払われし塩谷吉左衛門、校舎の建築促進運動に尽瘁し校舎の完成と相俟って内容の整備を図るべく募金運動を展開し努力せられし小西宗晴の両氏は永く本校の功労者として記念さるべき人である。

三期にわたる校舎建築工事の開始

こうして、多くの人々の尽力により、立町の地で新しい義方校の建築工事が始まります。それは、西町校舎から角盤校舎への移転構想が明らかになった昭和一九年一二月から数えて七年後の昭和二六年一一月のことです。工事は三期に分かれ、徐々に角盤校舎から立町校舎に移りながら、約三年をかけて新しい校舎が出来上がっていきました。

【昭和二六年】
一一月　第一期工事起工式
【昭和二七年】
七月　第一期工事竣工落成　立町新校舎に二年と五年の一一学級を移し角盤校舎に他の二二学級が残る
【昭和二八年】
三月　第二期工事竣工　角盤校舎に二・三・五年の一六学級と、立町校舎に一・四・六年の一八学級と二分して収容
【昭和二九年】
七月　第三期工事竣工式　新校舎に全校移転

まず第一期工事では、現在の第二校舎（北側）にあたる校舎が一棟建築されました。工期は約八ヶ月で、昭和二七年七月二六日に竣工落成式を挙げています。式は野坂市長をはじめとする来賓五六名、ＰＴＡ役員及び校区関係者六九名、五・六年各学級児童代表、全職員によって盛大に行われたと沿革誌に記録されています。

これに先立ち、竣工落成式を三週間後に控えた七月六日、湊口校長は期成同盟会結成時の会長であった後藤市右衛門氏を訪ねています。後藤氏は会長職を退いた後も新校舎建築運動の行く末を案じていたようで、病床のなかで湊口校長から新校舎完成の報を聞き、涙を流して喜びました。その時の様子を湊口校長は沿革誌に次のように書き留めています。

> 学び舎の完成を見て　巾くといぅ　育ての親の眼に泪あり

伝統ある西町校舎を医学専門学校に明け渡さなければならない事態と

湊口賢二校長

建築中の立町校舎（義方校 蔵）

なった時、義方校教育後援会長としては心情的に反対であっても、米子市経済界の中心的立場にあっては市の発展のためには受け入れざるを得なかったという複雑な思いで移転話を嘉賀校長とともにまとめ上げていった後藤氏にとって、新校舎の建設は残りの人生をかけた大事業であり、立町の新校舎がいよいよ完成を迎えた時の喜びや安堵の気持ちは如何ばかりであったかと思わずにはいられません。

先に述べたように、立町校舎の建築には三年間という年月を要しています。第一期工事では新たな校舎に二学年が移り、第二期工事で新たに一学年が移り、第三期工事の終了をもって、すべての学年が角盤校舎から立町校舎に移りました。この間、二七年度の二学期から二九年度の一学期までは全校児童が二つの校舎に分かれて学校生活を送っていますが、湊口校長は「分校」という形式をとらず、両校舎が校舎主任のもとで自治的な学校経営を行うという独特な学校経営を実践しました。

【昭和二七年】

八月二八日　立町の新校舎はいよいよ本日より児童が使用することとなる。広大なる運動場に川を挟んで風光明媚の地に一棟一一教室に附属建物を以て経営することとなる。分校の形式はとらないが、万事につけて独立の経営というふうになった。
角盤校舎に一・三・四・六学年の一二学級をおき、主任を木村教諭とし立町校舎に二・五学年の一一学級を移し、主任を吉田教諭として二世帯二校のような複雑・不便な経営形態となる。

かくして漸次建築の整備に伴う年次計画として校舎を立町に移す計画となる。新しい土地にこれから開拓していこうとする新校舎の設備に、吉田主任は日夜献身的努力奉仕を続ける。

日常の学習活動はそれぞれの校舎で行われますが、運動会、学芸会、遠足などの大きな学校行事は全校体制で実施されました。独立経営とはいえ、さまざまな教育活動に調整が必要であったと考えると、立町校舎と角盤校舎との間は近くて遠いものであったと思います。

また、この時期のことで特筆すべきことは、二学年が移動した角盤校舎の空き教室に啓成校の一部が移ってきたことです。啓成校は現在の高島屋の場所にありましたから、角盤校舎は斜め向かいに位置していました。児童数が増加し、教室が不足していた啓成校にとっては、空きが出た角盤校舎は絶好の場所だったのですが、一つの校舎に二つの学校が同居するという珍しいことが、短期間ではありましたが起こっていました。(9)

立町校舎の完成と角盤校舎への別れ

昭和二九年六月、三期三年にわたる工事を終えて立町校舎は完成し、戦前戦後の動乱期を過ごした角盤校舎に別れを告げる時が来ました。六月二一日の午後三時から、角盤校舎校庭に二年生以上の児童と職員が全員集合して、校舎への感謝決別式が行われ、湊口校長が全校児童に訓話として思いを述べています。

皆さんの最も親しみの深いそして大きな恩のあるこの校舎に最後の感謝を捧げお別れの式をいたします。

思えば昭和二〇年二月一七日、義方校は西町（今の医大）からこの校舎に移って既に九年になります。その間にこの校舎で二二〇七名の卒業生を送り、この講堂で九回卒業式を行ったのであります。今皆さんにも色々の思い出がこの学校にあるわけです。毎日の通学途上、校庭の一木一草、学習した暗い教室、廊下の掃除、何処にも皆さんの足跡が残されています。

幸いに新しい校舎が建てられて移るのですが、それだけにいくら古びた校舎でも、不便な昇降口にでも、暗い教室でも皆さんにとっては御恩のある建物です。不利不便を偲んで少しでも皆さんを幸福に勉強させたいと色々な面を工夫をこらされた先生方の御努力も並大抵のものではなかったのです。

昨日から新しい校舎に移って落ちつけることをよろこぶと共に永い間御世話になったこの校舎に心から感謝いたしましょう[10]。

校舎への感謝の辞でありながら、湊口校長から「暗い教室」「不便な昇降口」「不利不便」という言葉が次々と出てくることからも、角盤校舎時代の子どもたちや先生方のご苦労が伺い知れますが、この感謝決別式をもって角盤校舎時代は幕を閉じます。

角盤校舎にサヨナラ
義方校、立町へ完全移轉

校舎移転を報じる新聞記事
（山陰日日新聞　昭和29年６月22日）

その後、昭和三二（一九五七）年に体育館が完成、その翌年にはプールが完成し、学校としての形が完成します。このように、多くの人々の願いが結集してできあがった立町校舎は、地域の誇りであったことはまちがいないでしょう。

ここまで、現在の校地にある校舎を「立町校舎」と呼んできましたが、今はそのように呼ぶことはありません。それは、現在の所在地が「義方町」だからです。現在地に校舎が建った当時は立町でしたが、平成二（一九九〇）年一一月一日に住居表示が変更されています。その理由がわかる写真があります。

次の写真上は、昭和三〇年代はじめの本校の運動会の様子です。撮影場所は運動場を見下ろす位置であり、糺神社から撮影したものだと思われます。見てわかるとおり、神社から広大な校庭が広がっています。立町校舎ができた当時は、現在運動場横を通っている県道はなく、周囲にも大きな建物は見当たりません。

同じく写真下は昭和五〇年頃の風景と思われます。運動場横の県道が建設

ただす山から運動会を観覧する様子
（義方校 蔵）

ただす山と運動場の間の県道建設
（義方校 蔵）

されている風景です。写真左とは異なり、「かまぼこ型」の旧体育館も写っていますし、二階建て校舎の後ろには現在の第二校舎の古い部分（あけぼの幼稚園側）も写っています。

義方公民館の松山禮三館長と義方自治連合会の杵築俊郎会長（令和二年当時）の話によると、この県道建設によって立町四丁目が分割されたため、義方校側に新しい町名を付けることになり、その際に地域の方々の強い要望によって町名が「義方町」になったということでした[11]。

このような経緯があり、現在は義方町に位置する義方校ですが、古くからの歴史を知る地域の人々にとっては「立町校舎」と呼ばれ親しまれています。

四　立町校舎のその後

校舎が新たな場所に建築される場合、すべての施設が整えられてから開校なり移転なりすることは稀なようで、とりあえず校舎が完成して、教室で子どもたちが授業を受けることができるようになれば、あとは追々施設設備を整えていくということになります。

筆者は、小中学生時代を福岡市で過ごしました。時代は高度経済成長期の真っただ中で、福岡市では小中学校が毎年いくつも新設されるという状況でした。小三までは児童数が二千名近くのマンモス校だった小学校に通っていましたが、小四に上がる時にその学校から分離した新設校に移りました。開校当時は校舎しかなかったので、雨が降れば体育はなく、水泳は歩いて三〇分近くかかる分離前の小学校のプールを借りて学習したものでした。中学校も新設中学校に進んだので、小学校と同様に体育館もプールもなく、運動場に置かれた椅子に座り、曇り空の下で入学式に臨んだことを覚えています。

整備されていく立町校舎

義方校も立町校舎の第一期工事が終わったばかりの時は、周囲に何もない状態で、体育館やプールといった大規模な施設はもちろん、花壇や飼育小屋など、校舎と運動場を除くありとあらゆるものが、その後数年間をかけて整備されていきました。その運動場も、畑地を埋めて造成されたものだったので、子どもたちが安心して使えるようになるまでは、大変な整備作業がおこなわれたようです。

校舎落成記念秋季大運動会の様子（義方校 蔵）

【昭和二七年】

九月一六日　立町校舎の校庭地固めに、ルーラーを運転して取りかかってみたが、赤土が少くて砂が固まらなくて失敗であった。これには少くとも五、六寸の厚みで赤土を入れないと運転しない。

九月二三日　立町校舎は校庭の整地作業を職員の手によってなす。
九月二九日　角盤校舎は躾の問題について職員研究会をなす。
　　　　　　立町校舎は運動会準備の校庭整地作業をなす。
一〇月一二日　秋季大運動会を挙行す。立町校舎落成記念第一回目の運動場開き。

第一期工事が終わった時点では、新しい立町校舎に四年生と六年生の二学年、もとの角盤校舎に残りの四学年と分かれて生活していました。立町校舎の運動場（校庭）整備も少ない職員の手によって行われたようですが、一〇月の運動会には何とか間に合わせ、地域の方々への新校舎お披露目と合わせて、記念の大運動会が開催されました。

新しい体育館の建築

三期三年間にわたる工事の末、昭和二九（一九五四）年に二棟の木造二階建て校舎を備えた立町校舎は完成しました。この間、学級園、水飲み場、国旗掲揚台などの設備が少しずつ整えられていきますが、最も重要な体育館については建設の動きがありませんでした。西町校舎時代には「県下一」とも「山陰一」とも言われるほどの立派な講堂兼屋内運動場を有していた義方校ですが、角盤校舎に移ってからは講堂も分割して教室として使わねばならない状況だったので、すでに一〇年間も屋内で運動ができない状態

建設中の体育館（義方校 蔵）

が続いていました。

その一〇年とほぼ重なる形で、昭和二一年度から昭和三〇年度まで義方校を率いてきた湊口校長は、沿革誌の中で体育館の必要性について次のように述べています。


【昭和三〇年】

三月三一日　校舎の移転を完了し、ひと先づ全員が一ヶ所で教育できるようになったことは、類似の学校の少い当校独自のよろこびである。次は屋内体育場の建築と校庭の手入れに向って邁進し実現を一日も早くしたいと念願している。

（「昭和二九年度の反省」から）


【昭和三一年】

三月三一日　全員が一つの場所に集ったことはうれしいが、未だ畑地の埋立ての観があり、樹木も殆どない。校庭としては広くても、子供の遊び場には不十分だ。教材・器具・諸道具は古い。何よりも屋内体育館のないのが不便だ。情操陶冶の面からみての環境は不備である。

（「昭和三〇年度の反省」から）


また、湊口校長の後に着任した後藤貞幸校長（第一九代）も「校長拝命所信」として施設の不備を訴え、他校に劣る健康面、体力面の向上について努力することを約束しています。

歴代校長のこのような動きもあって、昭和三一（一九五六）年も押し迫った一二月二七日に念願の体育館起工式を行い、翌三二年六月三一日に体育館完成祭の日を迎えることとなります。立町校舎で授業が始まってから四年後のことでした。

立町校舎移転当時に整備された運動場も、その後も続いた校舎建築工事や体育館建築工事などによって荒れたのでしょう。体育館が出来上がったときに、広く保護者の協力を得て再び大規模な整備作業が行われています。

【昭和三二年】
五月一二日　本日より校庭に赤土搬入作業。父兄奉仕。町別割当日に立町三丁目三〇余名
湊山、九号線開通のため掘る赤土運び
五月一七日　校庭土運び　角三、天一、天二
五月一九日　校庭整地作業　立四、寺町　昨日は尾高町　仙田正雄氏毎日指揮
五月二六日　校庭整地作業奉仕　灘二西、岩倉、灘二東、内町校下外、職員

体育館落成式の様子（義方校 蔵）

最初の運動場整備と同様に、まずは赤土を入れることから始まりましたが、その赤土は国道九号線が付け替えられる際に、湊山を切り崩した土が使われたようです。連日多くの保護者の協力を得て整備された運動

場は、その年の秋季大運動会当日の沿革誌記事に「校下全般の協力によって完成した体育館と赤土の色彩と弾力性のある校庭」と記録されています。

仙田正雄さんの功績

町別に割り当てられた作業において、「仙田正雄氏毎日指揮」という記述があります。この仙田正雄さんについて説明を加えたいと思います。

小学校では、一・二年生の生活科に「学校たんけん」という単元があり、自分たちの学校の様子や、学校で働く人たちを調べる学習をします。義方校でも、その学習の時期になると、校内をいろいろと調べて回った子どもたちが、わからないことを校長室に聞きにやって来たものでした。その中で、多くの子が「花壇のところにあるのは誰の顔ですか？」という質問をしてきました。筆者も、着任して間もない頃から、花壇に

仙田正雄翁像（児童作品）

謎めいたオブジェがあることは気になっていて、子どもたちの質問をきっかけに調べてみたところ、仙田正雄という人物の像であることがわかりました。

仙田さんは「献身的な奉仕者」というタイトルで『百年誌』に詳しく紹介され、その功績は職員正面玄関の飾り棚に、健康優良児日本一の小川洋一さんとともに顕彰されています。仙田さんの功績を知ってもらうためには、『百年誌』の記事を読んでいただくのがよいでしょう。長い文章ですが、その功績の大きさを理解するためには部分的に省略することは適さないと思いますので、そのまま掲載することとします。

仙田正雄氏は明治四〇年三月生まれ、大正八年三月義方校卒業、終戦により極寒のシベリアへ抑留され、重労働に耐え、九死に一生を得て帰還された人。帰還後、一度死んだも同然の身、余生を社会のために奉仕しようと深く心に期され、当時戦争犠牲校とまでいわれていた義方校を目撃され、余生の仕事として献身的な奉仕が開始されたのであります。全く家庭もかえりみず、母校愛に燃え、将来を洞察された先見の明、すぐれた企画性と信念、たくましい実践力により、十数年にわたり義方教育発展のためにつくされたのであります。

昭和二六年現校地買収に際し、自家畑地を率先提供し、難航の土地買収に日夜説得を続けられたのでありあます。三二年五月より校庭（三千坪）の地上げ整備を主唱し、自ら鍬を振って先頭に立ち、校区民の勤労奉仕の指揮をとり、暗渠三本を入れ、平均三〇㎝の土盛りを九月に完工、雨が降ってもすぐ乾く当地稀にみるグラウンドが完成しました。三二年一〇月には小運動場改修を提唱、多数の父兄の奉仕により立派なテニス、バレーコートを作られました。三三年には水泳プールの創設を提案、ＰＴＡ、市教委、市建設課の協力態勢下に県教委、知事、県議会等に陳情、補助金を獲得し、また失業対策事業の協力を得て、七月中旬には西部地区初のプールを出現させ、三四年六月には付帯工事として便所、シャワーを完工。この間、施行人夫と共に仕事に従事し陰の力とし奉仕されました。完成の暁にはプールの管理は勿論、児童の水泳指導にも尽力されたのであります。

仙田正雄さん
(『百年誌』より)

三五年八月には自費により他県の優秀給食施設を視察、かねて学校給食が児童の健康に及ぼす価値の大なることの信念をいよいよ深め、完全給食実現のため、工事費の二〇〇万円の大部分は自ら校下の有志を訪ねて募金に成功し、改築に当たっては大工、左官と共に働き、近代的にしてデラックスな給食室の完成をみるにいたりました。

その後、巾六m、長さ一四〇mの通学路のアスファルト舗装、鉄筋の小鳥舎、バックネット、購買室の建設、運動遊具の製作提供、相撲場の造築、校庭周囲、正門付近に土手を構築、タチバナモドキの根付け、校舎前の溝にコンクリの蓋をしてツツジを植えたり、金次郎園の植樹、校地全般の植樹手入れ等、一本一草仙田氏の手のかからないものは無い状態であります。

山本博康教諭指導により全国発明展に最高の総理大臣賞を受け、賞の大半を本校が獲得するや、早速市当局に当たり、理科室の大改造、拡張を成しとげ、三六年には足洗い場の改装、手洗い場の新設、校舎の床張り、各教室への電源の取り付けなど、枚挙に暇のないほど全く次から次へとアイデアを生かし、その実践はとどまることのない状態でありました。

氏は意志強固、正義感厚く、友愛の情深く信念の人で、当世まれな人物であったと言っても決して過言ではないと信じます。子どもの幸福をひたすらに念じて、次代を背負う子どもの成長を期待し、自ら進んでしかも無報酬で永年にわたり献身奉仕されたことは、特筆大書して永久に記録にとどめ、その偉大な遺徳に応えねばなりません。

（『百年誌』「献身的な奉仕者」より）

仙田さんの学校への貢献は、今では考えも及ばないほどのものです。記事の最後にあるように、その献身奉仕の功績については特筆大書して永久に記録にとどめる必要があり、本書を通じてその偉業を改めて広く紹介できたことは嬉しい限りです。

米子で最初のプール

仙田さんが提案して昭和三三（一九五八）年七月に完成したプールは、県西部地区で初めてのものでした。そのため、七月二四日に行われた竣工式及び使い初め式には野坂寛治市長、織田収山陰放送社長も列席し、安田教育長による古式泳法の披露も行われるなど賑々しく行われました。また、八月二日には遠藤知事の視察も受けています。小学校プールの完成は鳥取県としても大きな出来事だったのでしょう。

プール完成記念（義方校 蔵）

【昭和三四年】
九月一一日　校内水泳記録会　九時～一二時五〇分
　　　　　　義方・啓成対抗水泳競技会
　　　　　　午後二時より本校プール　優勝す
九月一三日　鳥取県水泳記録会（本校プール）

翌三四年には啓成校にもプールが完成し、義方と啓成の両校での水泳指導が可能になったことで、九月一一日に市内で初めての水泳大会となる「義方・啓成対抗水泳大会」が義方校プールで開催されました。「義啓戦」は学校対抗水泳大会として定着し、その後各校にプールが作られていく中で、義啓戦を参考とした学校対抗親善水泳大会が各地区で行われるようになり、米子市小学校体育連盟が主催する地区親善水泳大会にまとめられていきます。

平成七（一九九五）年、中学校区の教育上の連携強化を図る上で、親善水泳大会は中学校区別に再編成されることになりました。義方校と啓成校は異なる中学校区に属しているので、この再編成によって伝統ある義啓戦は幕を閉じることとなりました。

令和四（二〇二二）年に開催された水泳世界選手権で、義方校出身の三上紗也可選手が高飛び込みの日本代表として出場し、見事銀メダルに輝きました。この活躍も、遠く辿れば仙田さんのプール設営構想が、その起点になっているのかもしれません。

校舎焼失事件

義方校の長い歴史の中で、残念な出来事の一つに、校舎一棟の大部分を焼失した大火事を挙げることができます。不名誉な出来事であることから、語り継がれることはあまりなかったので、この事実を知っているのは一定の年齢以上の方に限られると思います。しかし、現在の危機管理の考え方に照らし合わせると、このような出来事こそ教訓として生かすべきかと考えます。

火事が起こったのは昭和四〇（一九六五）年のことで、学校関係者一同の悲願が叶って立町への移転が完了した一一年後のことでした。当時五歳の筆者は山口県下関市で暮らしていましたが、筆者の母親の母校が義方校であり、祖母の家が学校の近くにあったことから、新聞で報じられた火事のニュースに、家族みんなが心配していたようなことをぼんやりと記憶しています。

学校の校舎の大部分が焼失するという大きな出来事だったので、当時の新聞にも大きな扱いで記事が掲載されました。

「新学期早々義方小焼く　米子
　一三教室、図書館など　発見が遅れ大事に　すぐそばに市営住宅街」

米子市の義方小学校で火災が起き、新学期の希望に胸ふくらませるよい子たちが教室を奪われた。七日午前一時半ごろ米子市立町四丁目、市立義方小学校（山本二郎校長、生徒数一三一〇人）の西側校舎二階のほぼ中央にあたる四年四組の教室付近から出火、木造モルタルぬり、セメントかわらぶきの同校舎一七教室延べ二〇五八平方メートルのうち、一三教室とミシン室、準備室、用務員室を全焼、同午前二時五七分鎮火した。米子市消防本部調べの損害は約一五〇〇万円。

（『日本海新聞　昭和四〇年四月八日』より）

当初は、火の不始末や不審火も考えられたようですが、検証の結果、漏電であると結論づけられました。当日は宿直職員もいましたが、夜中の一時半ということで宿直職員も近所の人も火災に気づくのが遅くなり、大火事になってしまいました。火の勢いから、校舎二棟を全焼することも避けられないと思われましたが、不幸中の幸いで、一棟の三分の二の焼失で終わりました。

前日の四月六日には入学式が行われ、学校全体が希望に満ちた一年間のスタートを切ったばかりでした。新年度早々に学校の半分近くが焼けてしまい、児童、保護者、職員のみならず、学校に関わっているすべての人たちに大きな衝撃と不安を与えたことは容易に想像できます。

しばらくの間は、学年によって午前と午後とに登校を分ける（いわゆる分散登校）という特別な対応をした上で、あまり日を置かずに授業が再開できたようです。復旧作業も驚くほど早く進み、同年一二月には鉄筋校舎が再建され、年内に通常の学校生活を取り戻すことができました。

当時の立町校舎は木造二階建て校舎が二棟で、そのうちの一棟の半分が焼失したのですが、その焼失部分は鉄筋三階建て校舎に再建されました。昭和六〇（一九八五）年から平成二（一九九〇）年にかけて、木造校舎が取り壊され、現在の校舎に建て替えられましたが、その際に取り壊されたのは焼失を免れた木造部分だけでした。火災直後に再建された部分は、現在も使用されており、今では最も古い校舎となっています。

また、現在の校舎の建て替え後、プールは平成二年に、体育館は平成一〇（一九九八）年に相次いで建て替えられ、期成同盟会など校区住民の熱意によって建設された立町校舎の面影はすっかりなくなってしまいました。当時の面影を残すものは、西町校舎時代から子どもたちを見つめてきた二宮金次郎像だけになっています。

新学期早々義方小焼く　米子

燃える義方小の西校舎

発見がおくれ

校舎火災を報じる新聞記事
（日本海新聞　昭和40年４月８日）

五　戦前戦後の修学旅行

義方校における修学旅行の話の続きで、時代は一旦戦前まで遡ります。

戦前の参宮旅行

昭和五（一九三〇）年になると、明道校は修学旅行の日程を四泊五日に伸ばして、伊勢神宮参拝を実施しています。満州事変、日中戦争と戦時体制が強まっていく中で、中学校や師範学校では伊勢神宮を中心とする神社仏閣や皇居への参拝、軍艦や軍施設等の見学を行程に入れた修学旅行が全国的に盛んになっていきました。この動きは小学校にも広がり、小学校の修学旅行は伊勢神宮参拝を主な目的とする「参宮旅行」といった性格を持つようになっていきました[12]。

米子市では昭和一〇（一九三五）年と翌年に、修学旅行組合を結成して一〇校程度で修学旅行隊を編成し、臨時列車で京阪神や伊勢神宮への旅行を実施しています。義方校の参宮旅行と思われる最も古い写真には「昭和九年」の裏書きがあります。連合旅行団として参宮旅行が実施される前に、義方校単独で実施していた可能性が考えられますが、残念ながら沿革誌には記録が残っていないので実際のところはわかりません。

その後数年間の伊勢神宮参拝については記録が残っていませんが、昭和一六・一七年は修学旅行団を編成して、伊勢・奈良・橿原・京都への修学旅行が行われた記録が残っているので、おそらく継続していたものと考えられます。

太平洋戦争が始まった昭和一六（一九四一）年には文部省から団体旅行中止の通知が出されていますが、伊勢神宮参拝は除外項目として挙げられ、実際に米子市でも昭和一七年の実施が記録されています。戦時下でも皇民教育を進める上で伊勢神宮参拝は強力なアイテムだったのでしょう[13]。

伊勢神宮への参拝旅行（昭和９年　義方校 蔵）

戦後の修学旅行再開

戦局の悪化により、修学旅行は昭和一八（一九四三）年に全面的に中止となりました。しかし、終戦後の修学旅行再開は早く、明道校・啓成校・就将校は昭和二三（一九四八）年には出雲等の近場への旅行を復活させ、義方校でも昭和二五（一九五〇）年に関西方面への旅行を復活させています。

この関西方面への修学旅行は「米子市小学校連合旅行団」として実施され、最初の年は明道、義方、啓成、就将、車尾、福米、加茂、住吉の八校で編成されました。三泊四日の日程で、大阪、奈良、京都への旅行でしたが、三泊のうち二泊は車中泊という強行日程だったようです。さすがに児童にも職員にも負担が大きかったようで、昭和二八年からは三泊四日は変わらないものの、車中泊は一泊に減っています。とは言え、今では考えられないような修学旅行だったようです。

車中に於ける座敷板・毛布等児童の就寝設備も整える必要があった。更には、先にもふれたように食糧事情が悪かったので、その準備として、弁当二食分・米五合（四食分）副食物につくだ煮のようなもの、雨傘は二人に一本、汽車の中に毛布を持ち込んでもよいとある。

（『米子市初等教育史』より）

年配の方から「修学旅行には米を持って行ったものだ」という話を聞いたことがありますが、車中泊が一泊になって旅館での宿泊が増えてからは、米の携行は九合五勺となり、ほぼ一升の米を列車に持ち込んで旅行に出発したようです。
旅行日程については、昭和三〇（一九五五）年度の沿革誌には詳細な記録がありました。

1日目	8：12米子発	13：13岡山	17：35大阪	〈大阪泊〉
2日目	【大阪見学】	12：50天王寺	14：05奈良 【奈良見学】	〈奈良泊〉
3日目	8：52奈良	10：21京都 【京都見学】	21：53京都	〈車中泊〉
4日目	6：00米子着			

大阪では大阪城と天王寺動物園、奈良では東大寺を見学し、京都では観光バスで市内を巡りました。しかし、移動時間が長い上に、最後は約八時間の車中泊移動ということで、子どもたちにとっては楽しい旅行だったでしょうが、引率する立場では大変な苦労があったと思います。

関西への修学旅行が復活した昭和二五年は九月に旅行が実施されていますが、翌年以降は五月から六月にかけて実施されています。そして、四日間の旅行日程のうちの一日については、「修学旅行不参加児童」を対象とした遠足が行われています。戦後間もない頃、経済的な理由で修学旅行に行くことができなかった児童は、日帰りで美保関や松江方面に行きました。

この「もうひとつの修学旅行」は義方校では昭和三一（一九五六）年まで

戦後の修学旅行（昭和29年　義方校 蔵）

行われていた記録があります(14)。

その後は、高度成長期の中で経済的に豊かになっていったことと、経済的に困難な家庭への修学旅行費用の補助の制度ができたことから、全員が同じ行程での修学旅行になりました。

紫雲丸事件

修学旅行を語る上で、また学校危機管理を語る上で、重大な事件が修学旅行の復活期に起こりました。昭和三〇（一九五五）年五月一一日に起こった「紫雲丸事件」です(15)。

修学旅行団約七三〇名が乗船した、高松発の国鉄本四連絡船「紫雲丸」は、濃霧の瀬戸内海を航行中に宇野発の国鉄貨車航送船「第三宇高丸」と衝突して数分間で沈没し、一六八名の死者を出す大惨事となりました。紫雲丸には修学旅行の児童生徒が三七四名乗船していて、そのうち一〇九名が死亡するという痛ましい事故でした。松江市の小学校でも犠牲者が出ており、沿革誌に次のように書き留められています。

【昭和三〇年】

五月一二日　松江市川津小学校は修学旅行中高松発の紫雲丸遭難に遭い、多数の死者を出した。米子市としては児童一人五円の香典を募集することとし、本日の遺体の帰還を六年代表児童が米子駅に出迎え焼香した。

六月　二日　校長は児童代表と松江市川津小学校に過日の水難見舞に出張する。

事故の翌日の五月一二日、犠牲となった川津小の児童は伯備線経由で松江市に帰還し、米子駅では米子の小学生が出迎えて焼香しました。翌日の日本海新聞には「米子駅では午後二時五七分遺体の列車を迎え、ホームに設けられた祭壇に中路米鉄局長をはじめ、各部課長、野坂米子市長、栗林市会議長、安田市教育長、市内啓成、明道、就将各小学校生徒約二〇〇名が、米子駅まで出迎えた。」とあります。

当時六年担任として義方校に勤務していた畑田茂夫校長（第二七代）の話によると、この出迎えには、他の三校に比べて米子駅から離れていた義方校の児童は参加しなかったようです。その代わりとして、六月二日に行われた川津小の合同慰霊祭には、湊口校長と代表児童が参加したのでしょう。

昭和六三（一九八八）年の瀬戸大橋開通によって、瀬戸内海を渡る安全性は格段に向上しました。しかし、現在実施している宮島への修学旅行は、わずか一〇分間とはいえ、瀬戸内海を航行するフェリーを利用しています。過去にこのような出来事があったことは、子どもたちの命を預かる立場の先生方は知っておくべきことであると思います。

近年の修学旅行

三泊四日の修学旅行は約一五年間続きましたが、やはり負担の大きさは問題となり、昭和四〇年代になると一泊二日の中国地方への修学旅行に変わっていきます。この変更も米子市修学旅行団として行われ、昭和四一年には米子市内の小学校は岡山・倉敷方面に目的地を変えました。後楽園や鷲羽山などの名所、川崎製鉄や三井造船などの工場、池田動物園などを訪れる旅行に様変わりしたようです。

昭和五〇年代になると山陽新幹線の開通により、目的地が広島・宮島方面に変わり、現在に至っています。

当初はマツダの自動車工場見学や造幣局見学も行われていましたが、現在は平和学習に重きが置かれ、平和公園内のフィールドワークや語り部さんから原爆被害の話を聞く活動が取り入れられるようになり、工場見学等は行われなくなっています。

また、広島に行くようになってからは、遊園地での遊びも行程に入るようになりました。当初は、宮島口にあった広島ナタリー（ナタリーランド）が子どもたちのお楽しみでしたが、そこが休業になると、呉ポートピアランド、倉敷チボリ公園と目的地が変わりました。しかし、それらも次々に休業となり、現在は福山みろくの里で楽しい時間を過ごしています(16)。

米子道の開通により、平成六（一九九四）年には全行程バス利用による修学旅行に変わりました。また平成二五（二〇一三）年には松江道が全通して、広島方面への移動が格段に便利になりました。このように、現在でも交通機関の発達によって、修学旅行の様相は変わり続けています。

本章の冒頭で述べましたが、新型コロナウイルスは修学旅行の形を大きく変えました。令和二（二〇二〇）年度の修学旅行は、いつものように米子市小学校連合修学旅行団として、五月の連休明けから日程が組まれ、広島・宮島方面を訪れる予定でした。しかし、令和二年二月末に新型コロナウイルス感染症対策としての全国一斉休校が始まり、県外への往来も規制される中では、修学旅行を実施することはできなくなりました。

それでも、どんな形にせよ修学旅行ができないものかと校長会や教育委員会での協議を重ね、日程も目的地も二転三転しながら、次のように決めました。

①宿泊しない　②日数（一日か二日間）は各校で決定　③行先は広島平和公園、宮島、蒜山から選択

児童の大きな楽しみである宿泊をしないという決断は辛かったのですが、全国的に修学旅行が中止される流れの中で、何とか修学旅行を実施できたことは嬉しいことでした。

感染流行が収まらないことが予想されていた令和三年度は、最初から目的地を山陰に限定し、前年にできなかった宿泊ができるように苦心しました。米子市と皆生温泉旅館組合の全面協力のもとで、地元の皆生温泉を宿泊地とし、鳥取県と島根県を一日ずつ巡る修学旅行が実施されました。出雲大社や松江城を巡ることから始まった米子の修学旅行は、一〇〇年を経て再び地元の良さを発見する原点回帰を果たしたとも言えるでしょう(17)。

六　村江教授と健康教育

小さな事件

先に述べたように、終戦も近づいた昭和二〇（一九四五）年四月に、義方校は西町校舎を新設された米子医学専門学校（以下「米子医専」）に明け渡し、狭小な角盤校舎に移転しましたが、その米子医専は、敗戦とともに軍医の緊急的な養成という目的を失い、その存続が危ぶまれるようになりました。

戦時中の緊急的な措置として設立された医学専門学校は、旧制中学校卒業を入学資格としている上に、施設や設備が整っていなかったので、旧制高等学校卒業を入学資格とする医科大学に昇格するか、もしくは廃校にするかという岐路に立たされることになったのです。

そのような状況下で、米子医専は下田光造校長[18]を筆頭に、職員と学生等の関係者が学校存続、そして医科大学昇格に向けて努力奔走し、ついに米子医科大学（以下「米子医大」）が設置されることとなりました。昭和二三（一九四八）年のことです。

米子市に初めて大学が設置されることは、多くの市民にとって歓迎されるべき出来事でしたが、「戦争犠牲校」となった義方校の関係者にとってはそうではありませんでした。米子医専の設置によって校舎移転等の多大な犠牲を払ってきたことへの不満が、直接米子医専関係者に対して向けられることもあり、下田校長もそのような空気を感じ取っていたようで、当時のことを鳥取大学医学部設立二〇周年記念式典の祝詞で次のように述べています。

（前略）私が最も困りましたのは医専設置の際のやや強引と思われた土地、建物の接収の印象が、地元の一部諸君に不快と反感とをいだかれまして、それが純朴な地方人に悪宣伝となって流布され、医専の病院に行けば研究材料になる、解剖されるとの噂がひろがったことでありました。この反感は終戦と共に医専は廃止するか、一部を残して大学に昇格させるかの問題が文部省で論議された際に一層強くなりまして、地元の一部に存置反対の運動が起こり、米子に大学などいらぬ、大学は隠岐の島にでも置いたらよかろうなどという投書ももらいました。（後略）

（『鳥取大学医学部創立廿周年記念誌』より）

昭和二三年二月、米子医専に併設される形で米子医大が設立されました。その年の一一月三日に設立記念祝賀式典が行われ、学術講演や医学展覧会が開催されています。また、その夜には大講堂（元の義方校体育館）を会場にして、学生による演劇やダンスパーティなどが開催されたのですが、そこで小さな事件が起こりました。米子医専の校長であり、設立された米子医大の初代学長となった下田光造学長が、そこで義方校の児童に取り囲まれて猛烈な抗議を受けたのです。

昼間の式典とは違い、夜のイベントには一般市民も入場できたので、大学周辺に大学設置反対の空気が残っていることに不安を感じていた教員が、一般観覧席で学生劇などを鑑賞している下田学長に席の移動を促したようですが、

「私は子どもが好きだから、ここでこうして子どもらの中におるのがよい。」

と言って、そのまま多数の小学生がいる中で鑑賞を続けていました。ところが、その多数の小学生に取り囲まれ、猛烈な抗議を受けることとなりました。その時のことを、下田学長は米子医大のある教授に次のように語っています。

実はね貴君の去った後で学生の一人がプログラムをもって来たのである。このとき、「校長先生、これが今晩のプログラムです」と言って手に渡してくれたまではよかったのである。ところがね僕の周囲には義方校の高学年の子どもたちが多数いた。学生が校長先生と言ったのを聞いていた子どもたちの中には親分肌の子どもがいたらしく、その中の1人が「これが校長さんかや、ほんとだろうか」と、他の子どもが「でも医専の学生さんが校長先生といったよ、このおじいさんは校長さんにまちがいないよ」という。そのかたわら

の女の子が「ね！おじいさんは医専の校長さんだろう」と確認するための質問を飛ばせたものだからして僕はうっかりして「うんそうだよ」と答えてしまった。それからしばらくしてから子どもたちの間にざわめきが起こり、やがて親分肌の子どもの音頭でもって、僕に向って「学校をもどせ、角盤校はきらい、あんなきたない学校はいやだよ！」と大きな声の叫びとなったのである。一般の入場者は驚き全員が何事が起こったかと僕の方を見るのでほんとに弱ったよ。子どもたちがこのように叫ぶからには、学校の周囲には本学に対して不穏な空気が漂っているであろうと思うが、貴君がどう思うかね！」とお尋ねになった。

（『健康の保持増進のあり方』より）

米子医大の設立を祝う多くのお客さんの中で、小学生に囲まれて「学校をもどせ」と叫ばれた下田学長の狼狽ぶりが目に見えるようです。騒動の中心となった児童はおそらく六年生だと思われますが、この祝賀会が昭和二三年一一月に行われているので、この子たちは西町校舎で入学して二年間を過ごした後に、三年生から角盤校舎で過ごしていることになります。長い間、角盤校舎の暗くて狭い教室で過ごしている彼らは、入学当時に自分たちが体育館として使っていた大講堂で、米子医大設立を祝うイベントが華々しく行われているることに我慢ならなかったのでしょう。

米子医専設立時から米子で暮らす下田学長は、米子医専や医大を取り巻く不穏な空気を感じていなくはなかったと思いますが、小学生が大学の学長を囲んで騒動を起こすほどに校舎移転の不満が高まっており、その矛先が米子医大に向けられている現実を、この時初めて気づかされたのだと思います。

大学による健康教育の実践

学長が小学生に囲まれて抗議を受けるという騒動が起こった翌日に、下田学長が相談を持ち掛けた相手は、衛生学教室の村江通之教授でした。村江教授は、昭和二二（一九四七）年に米子医専に着任し、医学の研究分野としては、当時まだ歴史の浅い衛生学を担当して、市民の健康を守ることを自らの使命と感じている研究者でした。終戦直後には、米子市など県西部地区の小学校四九校を対象に寄生虫の調査を実施したり、農家と協力して回虫卵の生存状況を観察したりして、子どもたちの健康増進に尽力していました。

そのような村江教授は、下田学長から次のような依頼をされます。

なんとかしてこの不穏な空気を鎮めてもらいたい、そうしないと本学の建設や発展はむずかしいと考えるよ！それで公衆衛生の立場でなんとかうまく鎮めて見せてもらいたいですよ。お願いします。

（『健康の保持増進のあり方』より）

義方校に関係のある市民や在校生などから「米子から出て行け」とか「学校をもどせ」とか言われても、そんなことは不可能です。そのような米子医大を取り巻く「不穏な空気」を一掃するには、地域貢献によって大学のイメージアップを図ったり、大学の存在感を示したりするしかなく、そのためには児童や住民の健康増進を、大学が先頭に立って推進していくことが重要であると下田学長は考え、村江教授に白羽の矢を当てたのだと思われます。この依頼に対して、村江教授は次のように応えています。

公衆衛生の仕事は臨床家の投薬して即効を期待するようなわけには行きません。よってこれから長期にわたり努力しましてこのいやな空気を払いのけますので、どうかすこし長い目で見ていてください。

（『健康の保持増進のあり方』より）

【村江教授の略歴】

明治四三　八頭郡若桜町生まれ
昭和一一　熊本医科大学卒
昭和二二　米子医科専門学校教授（衛生学）
昭和二三　米子医科大学教授（同）
昭和二六　鳥取大学医学部教授（同）

村江通之教授
（鳥取大学医学部 蔵）

この言葉どおり、村江教授は昭和二五（一九五〇）年から義方校への訪問指導を開始し、健康観察や衛生講話などを通して、子どもたちや職員の健康に対する意識改革に取り組みました。

子どもたちへの公衆衛生に関する講話は毎週のように行われ、一日に五～六学級を回って、全学年に対して実施されました。季節ごとに次頁のようなテーマの話が用意されたようですが、難しい公衆衛生の話も、小学生にもわかりやすく、しかも同じテーマでも一年生と六年生とでは中身を変えて話をするような工夫をするなど、並々ならぬ力の入れようであったようです。

あらかじめ子どもらの世界に飛び込んで、子どもらと仲良く遊び、子どもらの間で使用される言葉を良く勉強して修得して、それからそれを使って、その目的とする事柄を説明してやれば、子どもらは喜んで聞き、了解するのが早いのである。このような現象は医学的事項の説明の場合でも、決してその例外ではないのであって、かくすることにより、むずかしいといわれる子どもへの衛生講話も、それほどむずかしいものではないと思うようになった。

（『子どもたちへの医学』より）

・予防注射の話	・偏食からくる抵抗力の低下	・おそうじは皆の手で
・つゆとばいきん	・登校下校の際の交通事故防止	・子どもへの平易な性教育
・子どもの健康保持法	・お中（腹）の虫と外（害）の虫	・夜間の学習と就寝時の注意
・水泳と登山の注意	・注意してほしい着物のきかた	・冬の運動不足を防ぐために
・霜焼け予防は今から	・クリスマスとお正月の過食の注意	・運動会と遠足

これは『子どもたちへの医学』にまとめられている、義方校における村江教授の保健指導の講話内容です。これらの保健指導の始まりは、残念ながら沿革誌には書き残されていませんが、『八十年誌』には次のような記述があります。

【昭和二五年】
九月　五日　全教室の照明度調査を米子医大村江教授に依頼す

おそらく、ここが村江教授の義方校における実践のスタートと思われますが、沿革誌に村江教授の保健指導が記載されるのは昭和三〇（一九五五）年のことです。

【昭和三〇年】
一〇月二五日　児童健康観察指導開始　第一回の日
鳥大医学部村江通之教授の要請によるものにして低学年から順次各教室を回り、五分～一〇分位子供に衛生の話をして注意を与える。右、同教室の岩村、今村両助手も同道、児童の健康管理に当る

村江教授は、衛生学教室の若い研究者を伴って義方校を訪問していました。ここに記述されている岩村助手とは、のちにネパールでの医療活動に力を尽くし、「ネパールの『赤ひげ』」と称され、アジアのノーベル賞と言われるマグサイサイ賞を受賞された岩村昇氏のことです。若かりし頃の岩村先生も、義方校の保健指導に関わっていたことがわかります。

村江教授の保健指導はその後も続き、その最後はおそらく昭和三八（一九六三）年二月のことであったと思われます。実に一三年間もの長きにわたって義方校を訪問し、各学級で子どもたちの年令に応じた講話を

聴かせる活動を続けました。この間、村江教授の講話を受けた児童は五千名にも上っています。

下田学長から、米子医大を取り巻く「不穏な空気」を取り除くことを依頼されたことによって始められた保健指導ですが、それに十数年もかかったとは思えません。村江教授の努力は、早々に米子医大のイメージを良いものに変えていったと考えられます。単に大学のためにという目的意識だけではなく、公衆衛生の考え方の普及ということが、村江教授の取組の中心であったため、十数年も活動を継続できたのではないでしょうか。村江教授のその功績は、義方校の歴史の中でも語り継ぐべきものであると思います。

校舎新築への貢献

村江教授は、義方校への指導だけでなく、米子市全体の公衆衛生について課題意識を持っていました。中でも、市内の小学校の歪な位置関係については大きな憂慮を感じていたようです。

戦後間もない頃の米子市は人口が八万人ほどでしたが、そんな小都市の中心市街地には児童数が千人以上の大きな学校が四校も集中していました。四つの大きな学校とは旧市内の明道、義方、啓成、就将のことですが、この当時は四校とも現在の所在地とは違うところに位置しており、市内中心部の半径四〇〇メートルの中に四校がすっぽり入ってしまうような所にありました。

村江教授は、大規模校がそのように近接していることによって、伝染病の流行時や大災害の発生時には大変なことになるという危機感を持ち、それらの小学校の移転に関して、その立地条件を公衆衛生学の立場から市当局に進言しています。

都市衛生の立場から見て、このように都心に四つも大きな小学校が集中しているということは、都市発展の上から見ても大きな支障となるし、さらにまた万一毒力の強い伝染病の流行があったり、また災害時の場合を予想すると恐ろしくなって来るのであった。このことは機会を見て市長に意見具申し学校分散をやらねばならぬと思った。幸にしてもし学校の分散が実現したとすれば、その跡地にはきっと各種の文化施設が設立されて来るであろうし、また大型店舗も進出して来ることであろう。かくなれば米子市は活気の漲った文化都市となって来て、恐らく山陰地方の中心地になることができるし、さらにまた一方では広義の伝染病の流行阻止になると思うとき、この仕事はどうしてもじょうずに当局を指導して行かねばならぬと考えた。これこそこの町に対する私の奉仕的努力目標の一つであると思った。

（『健康の保持増進のあり方』より）

旧市内四校は、村江教授が市当局に意見を述べてから三〇年間の間にすべて移転、分散しています。そして、現在、明道校の跡地には明道公民館と米子合同庁舎、義方校の跡地には米子市公会堂、啓成校の跡地には米子高島屋、就将校の跡地には山陰合同銀行がそれぞれ建設され、村江教授の言葉どおりに文化施設、大型店舗となっています。

また、村江教授は校舎の立地にも言及しており、次の五点をその条件として挙げています。

１　校地は可能なかぎり広くとって校舎や附帯設備を設けてもなお余裕が充分にあること

２　日照の関係がよくて、特に朝日がグラウンド一杯に投射すること

3　校地内の一隅に砂山があること
4　校地内に湧水があること
5　校地外からの騒音や有害ガスや汚水による影響を受けないこと

このような条件を満たす場所として選定されたのが立町校舎、つまり現在の義方校が位置する場所でした。村江教授の献身的な指導と校舎移転や環境整備により、その後、義方校の子どもたちの健康や体力は大きく改善されていくこととなります。のちに誕生する「健康優良児日本一」はその象徴的な出来事でした。

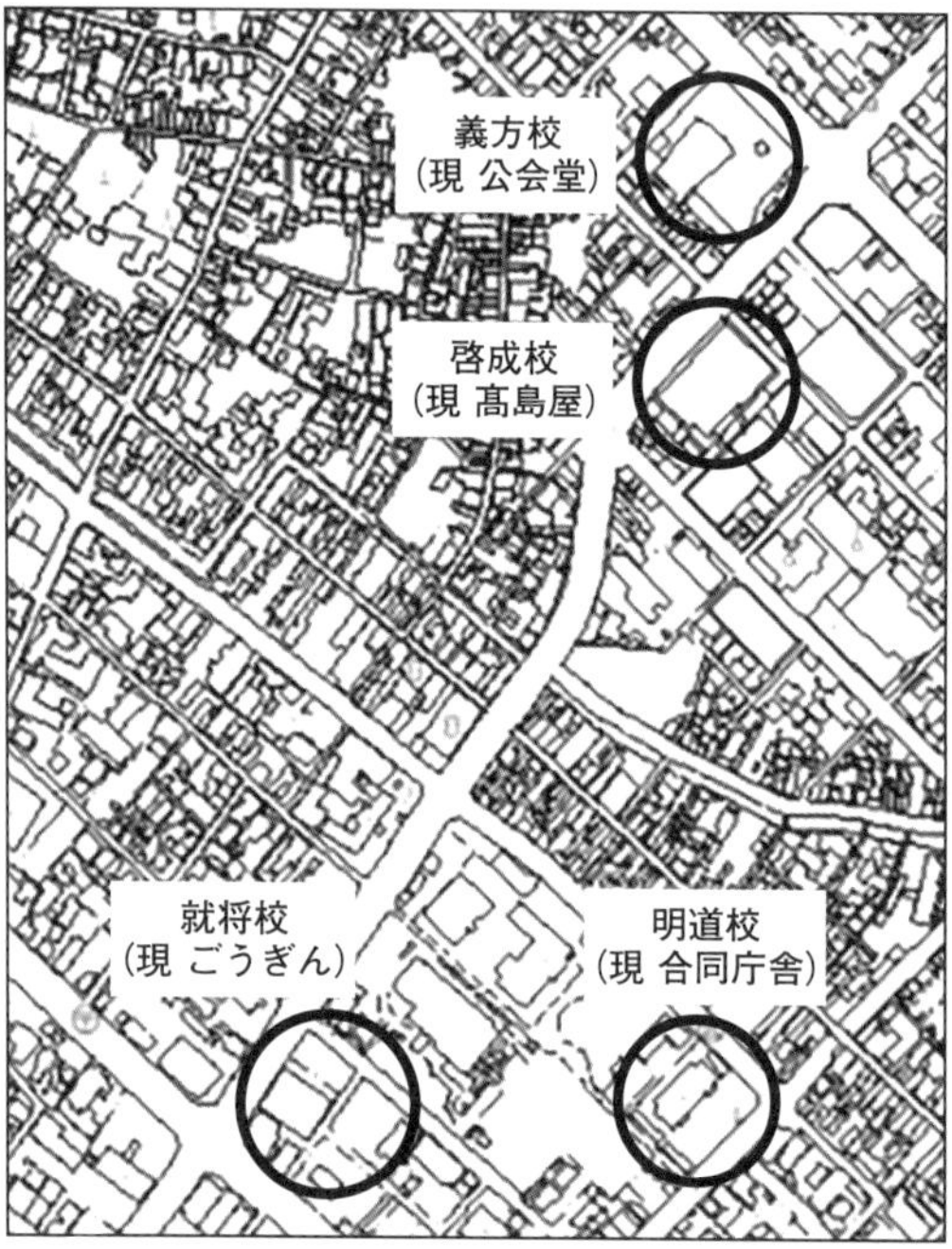

戦後間もない頃は、現在の米子市公会堂から山陰合同銀行米子支店までの間に、義方、啓成、明道、就将の４校が近接していた。
（地図は米子市役所地図情報システムによる現在のもの）

七　健康優良児日本一

健康優良児表彰というイベント

義方校の職員が、毎朝出勤して靴を履き替えると、目に飛び込んでくるのが「健康優良児日本一」のコーナーです。そこには、健康優良児日本一に選ばれた、当時義方校六年生の小川洋一さんの姿や運動場に描かれた日本一をお祝いする人文字を写した写真、「昭和三五年度　健康優良児童日本一　小川洋一君受賞記念」と題された記念誌などが展示されています。

昔はよく耳にしていた「健康優良児」という言葉も、いつしか聞かなくなりました。若い人たちには馴染みのない言葉かもしれませんので、少し説明を加えたいと思います。

健康優良児とは、「全日本健康優良児童表彰事業（以下「健康優良児表彰」）」によって表彰された児童を指します。この事業は、朝日新聞社が主催し、文部省（当時）と厚生省（当時）が後援して昭和五（一九三〇）年に始まり、戦争中の中断を挟んで昭和五三（一九七八）年まで続きました。その趣旨は、望ましい「健康な」子ども像を制定し、その日本一を競わせるというものでした。

健康優良児表彰が始まったのは満州事変が起こる前年で、日中戦争、太平洋戦争へと続く「一五年戦争」の入口にあたる時期でしたが、そのような時代を背景に、「戦争に耐えうる丈夫な身体と運動能力や優れた知能や精神を有する〈理想の子ども〉像を具現化するものとしての健康優良児が求められた」のです[19]。これは、昭和九（一九三四）年の朝日新聞社の健康優良児表彰の社告に明確に表れています。

児童の健康をいやが上にも増進して体力知力のすぐれた第二国民をつくりあげ、皇国日本の将来の発展に貢献せんがため……（略）。今や国家内外いよいよ非常の秋に臨んで、来るべき新時代の担ひ手としての少年少女の健康に対する我々の期待は実に絶大なものがある。

（『朝日新聞　昭和九年七月五日』より）

身長・体重が平均以上で、学習成績・運動能力がともに優れ、性格が明朗なことが、学校審査、地方審査、中央審査を通して日本一に選ばれた男女児童は、五月五日の端午の節句の日に、朝日新聞東京本社講堂で表彰され、「桃太郎」を表徴したメダルが贈られました。

日本一の両児童は、新聞社からの表彰だけでなく、その後に皇族に拝謁して、東郷平八郎元海軍元帥から訓辞を受けました。こうしたことから、健康優良児表彰は単に新聞社の事業にとどまらず、国家的イベントとして国民の間に認知されるようになっていきました。

この表彰は戦争によって一度は無くなりましたが、昭和二四（一九四九）年に復活します。もちろん兵力としての健康優良児を求めるのではなく、「ＷＨＯ憲章の『健康とは完全な肉体的、精神的および社会的に最上の健全さの状態をいう』の新しい健康の定義にもとづいて健康優良児を全国から表彰するものでありま す」という新しい目的が朝日新聞社から提起された上での復活でした。

戦争によって破壊された生活環境が少しずつ復興していく中で、ＷＨＯ憲章という健康についての国際基準に基づく新しい健康観を国民の間に浸透させていくことを目的として、朝日新聞社と文部省は健康優良児表彰を復活させましたが、それは戦後の食糧事情の改善の指標としての意味合いもあったようです。

健康優良児日本一　小川洋一さん

この「新しい健康観」は、終戦直後の義方校にとっては非常に大きな意味を持つものでした。西町校舎を米子医専に明け渡し、収容人数が児童数を遙かに下回る角盤校舎に移転してからは、義方校の子どもたちは劣悪な環境のもとでの学校生活を強いられてきました。その結果、身体的発達や健康面に大きな課題が見られるようになったのです。

悲願であった新校舎の建築が、三期にわたる工事を終えて昭和二九（一九五四）年に完了し、子どもたちの学習環境は大きく改善されました。また、昭和三二（一九五七）年には体育館、その翌年にはプールが完成するなど、運動施設が他校に先駆けて充実していき、体育指導も積極的に行われるようになりました。

また、環境改善だけでなく、前項で詳述したように、米子医大や、米子医大から発展した鳥取大学医学部の協力のもとで、村江通之教授を中心とした医学的な調査や、その結果に基づく指導なども行われました。健康優良児表彰は、そのような学校を挙げての取組の効果を測定するには格好の指標になったと考えられます。

健康優良児表彰に関する取組については後藤貞幸校長（第一九

小川洋一さん（義方校 蔵）

代）が次のように記しています。

小川洋一君が一年生に入学したのがこの立町の新しい校舎ですから、この校舎をつくるのに努力された方々の願いがみのった結果であるとも考えられます。日本一の優良児がでたのは二五年前に鳥取市の越谷君が鳥取県にはいるだけです。これは大変にうれしいことでした。しかも、義方校は、長い間道徳教育と健康教育に努力してきていたのですから、いっそう感激しました。

義方校では昭和三二年に県一に関美都子さん、昭和三四年の県一に小西俊彦さんがでていますから、小川君の日本一は、そのようなつみあげの上にあったわけです。（略）

また、義方校は健康優良学校として昭和三三年度から三年連続して、表彰されています。健康優良児というのは、健康な身体をもち、成績もよく、行動もりっぱな子でないとなれません。義方校はそんな子のいっぱいいる学校になったのです。

（『百年誌』「じょうぶなからだに」より）

義方校は健康優良児の取組において、昭和三二（一九五七）年からの四年間で、男子日本一を一回、男子県一位二回（小川さんを含む）、女子県一位一回、県優良校三回という輝かしい成績を収めています。

初めて県一位を出したのが立町校舎に移転完了を果たした三年後であり、日本一の輩出は移転完了の六年後、終戦から一五年後の昭和三五（一九六〇）年のことでした。食糧事情の改善とともに、教育環境が改善されつつあった中での日本一受賞は、本校関係者のみならず、地域全体の喜びとして受けとめられました。

体育館は一六〇〇名の児童の心身鍛錬の道場として待望久しい施設でした。昭和二七年立町校舎へ移転以来、山陰の悪天候下において体育館をもたなかった本校にとって、悲願ともいうべき大切な施設でした。（略）

体育館と運動場の完備（相撲場、遊戯施設、通学道路の拡張整備等）は義方の子供の健康と体力を自然と育てました。一〇月二二日市内小学校四年以上の連合体育会での成績が各学年ともトップだったことで証明されました。（略）

昭和三三年七月二四日県西部唯一最初の学校プール開きでした。国民皆泳と海国日本の名誉にかけて、遠大な理想をかかげての建設に、幾多の感激の話題を残しながらの米子市で初めてのプールの誕生でした。（略）

この秋一一月三日全国健康優良児日本一に小川洋一君が選抜されたことは、健康と道徳にかけた義方教育の実証として感激の涙を流しました。多年校下の皆様から寄せられた物心両面の御援助に応え得た一つとも思えました。（略）

校区の皆様の期待に副えなかった数々が思い出される中で、健康優良学校全国特選までは行きたかった一事があります。県一位は昭和三二、三三、四年と連続して優良、三五年三六年と全国五校の中に進出を期したのでしたが、今一歩の努力が不足したようです。健康優良学校という内容は体育や給食や運動施設保健衛生の施設もさる事ながら教育全般全人

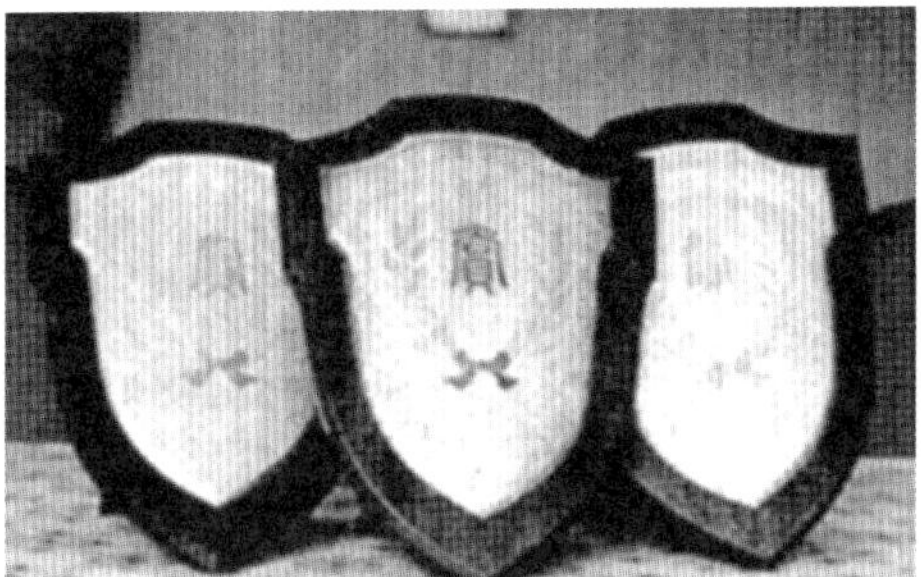

健康優良校の記念楯（義方校 蔵）

教育の実績の評価で、学校関係者、児童地域住民等々総ぐるみの教育体制が最終目的です。小学校教育の目指す人間像が一人一人の学童の身体に行動に学習に具現されている学校づくりと言ってもよいでしょう。

（『九十年誌』「後藤前校長　義方校創立九十周年に思う」より）

食糧事情の改善状況を確認する指標という側面をもっていた健康優良児表彰は、高度成長期の中でその役割を終えました。また、児童の体格や運動能力が遺伝的影響を大きく受けていることがわかってきたり、健康優良児を表彰するということが不要な優越感や劣等感につながるというような批判が強まってきたりする中で、表彰の不要論も高まっていったようです。健康優良児表彰は昭和五三（一九七八）年に廃止、昭和二六（一九五一）年に始まった学校単位での表彰である「健康優良学校表彰」も平成八（一九九六）年に廃止されました。

日本一を祝して運動場に描かれた人文字
（義方校 蔵）

確かに、健康や体格、能力、性格を競って優劣を付けるという健康優良児の概念は、現在の学校教育の理念や価値観とは相容れないものがあるので、廃止は時代の要請であると思います。しかし、義方校の昭和三〇年代の健康優良児に関する取組は、戦争中の苦難の歴史を塗り替えるための学校をあげての、地域をあげての取組であり、健康優良児日本一という結果は小川洋一という一人の児童の功績だけではなく、戦争犠牲校からの復興の象徴でもありました。このように考えると、校舎玄関正面に「しゃちほこ」と並んで小川洋一さんの功績が飾られていることには納得がいくのではないでしょうか。

四人のオリンピアンの輩出

狭隘な角盤校舎での生活による子どもたちの発育上の課題は、村江教授の献身的な取組や新校舎建築を中心とする環境改善などによって次第に解決されていきました。そして、小川洋一さんの健康優良児日本一という快挙が生まれることになるのですが、その六〇年後、義方校卒業生の中から世界一の選手が生まれます。

二〇二〇（令和二）年に開催される予定だった東京オリンピックは、コロナウイルス感染症の世界的大流行により一年延期となりました。そして、翌二〇二一（令和三）年に開催された大会で、卒業生の入江聖奈選手が女子ボクシングフェザー級日本代表として出場し、世界の強豪を次々と倒して見事金メダルを獲得したのです。

また、同大会には水泳高飛び込みの競技に卒業生の三上紗也可選手も出場しました。この大会では残念ながらメダルの獲得はなりませんでしたが、翌年に開催された世界選手権では銀メダルを獲得し、世界を舞台に活躍しています。

義方校卒業生にはこの二人のほかにも、二〇〇〇（平成一二）年に開催されたシドニーオリンピックで、トライアスロンの小原工選手とサッ

校長室横のオリンピックコーナー

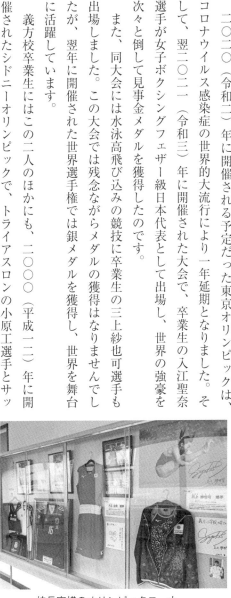

カーの中田浩二選手が出場しており、四人ものオリンピアンが輩出されています。半世紀の間で、義方校を取り巻く環境は大きく変わりました。

現在、この四人のオリンピアンの活躍を顕彰するコーナーが校長室前に開設されています。小川洋一さんの健康優良児日本一という偉業と同様に、四人の偉業も今後何十年と語り継がれていくことでしょう。

注

（1）ＧＨＱが出した「教育の四大指令」とは次の四つを指す。

①「日本教育制度ニ対スル管理政策」

教育内容、教職員、及び教科目・教材の検討・改訂についての包括的な指示と、文部省に総司令部との連絡機関の設置と報告義務とを課したもの。

②「教員及教育関係官ノ調査、除外、認可ニ関スル件」

軍国主義的、極端な国家主義思想を持つ者の教職からの排除について具体的に指示したもの。

③「国家神道、神社神道ニ対スル政府ノ保証、支援、保全、監督並ニ弘布ノ廃止ニ関スル件」

信教の自由の確保と、極端な国家主義と軍国主義の思想的基盤をなしたとされる国家神道の解体により、国家と宗教との分離と宗教の政治的目的による利用の禁止という原則を実現させようとしたもの。

④「修身、日本歴史及ビ地理停止ニ関スル件」

軍国主義的及び極端な国家主義的思想の排除を教育内容において徹底しようとするもの。修身・日本歴史・地理の授業停止とそれらの教科書・教師用参考書の回収とを命じた。

（2）明治四〇（一九〇七）年に、皇太子（後の大正天皇）による山陰行啓が行われた時に、宿泊所として錦公園（現在の湊山公園）内に建てられた。
（3）戦前の日本においては、歩行者も自動車も共に左側通行だった。歩行者が左側通行なのは、江戸時代に武士が左側に刀を差していたことから、鞘がぶつかり合わないように左側通行をしていたことによるようである。自動車が左側通行なのは、法整備の時に同盟関係であったイギリスに倣ったことによるらしい。進駐軍は、自動車をアメリカと同じように右側通行に変更しようとしたが、バスの乗車口変更など交通インフラの整備に莫大な費用がかかることから左側通行のままになった。しかし、安全面から歩行者と自動車の対面通行を実現するため、昭和二四（一九四九）年に「歩行者は右側通行」というルールが定められた。
（4）江戸時代に水戸藩主徳川光圀によって編纂事業が始められた歴史書。神武天皇から後小松天皇までの歴史がまとめられている。水戸藩の事業として代々受け継がれ、明治三九（一九〇六）年に完成した。
（5）市当局の公式文書ではないが、戦後になって鳥取大学医学部の臨床講堂床下から、米子医専設立当時の文書が発見された。その文書には、市予算の「将来支出を要するもの」として「義方校土地買収費」「同 校舎建築費」が記載されており、用地買収と校舎新築の構想はあったものと思われる。
（6）昭和二五（一九五〇）年から衛生講話や健康観察を通じて、義方校児童の健康増進に深く関わった鳥取大学医学部村江通之教授は、公衆衛生学の立場から新校舎建築移転を強く主張した。
（7）翌年六月には役員が改選され、塩谷吉左衛門氏が後藤市右衛門氏に代わって教育後援会と期成同盟会の会長に就任し、九月には教育後援会が発展的に解消して「先生と父母の会」（ＰＴＡ）に代わり、初代会長に小西宗晴氏が就任している。以後、この両氏が中心となって、新校舎建築に向けての運動が行われていくこととなる。
（8）沿革誌によると、照明度調査は米子医科大学の村江通之教授によって、昭和二五（一九五〇）年九月五日に全教室で実施されている。
（9）二つの小学校が一つの校舎に同居するという前代未聞の事態について詳しく書かれている記録は見当たらない。『啓成教育八十周年記念誌』には、卒業生や職員の思い出として語られている記事もあるが、校舎の一部を「間借り」していたという事実が説明されているだけで、それぞれの学校の児童が、どのような学校生活を送っていたかはわからない。

(10)『義方校沿革誌』昭和二九年六月二一日記事の中に「感謝決別式校長訓話の要旨」として収められている。

(11)校舎の新築移転に際しては、義方校児童への保健指導に尽力された鳥取大学医学部 村江通之教授が、その候補地選定の条件の一つとして「校地の一隅に砂山があること」を挙げている。紏山は正にその条件に合うものだったが、県道の設置はそれに反するものだった。「市長がかわり、その自治体職員や教育委員会のメンバーがかわって来ると、校地の選定基準などは全然問題にされていない。」と村江教授は著書『健康の保持増進のあり方』の中で後年語っている。

(12)昭和九(一九三四)年に鉄道省が伊勢神宮参拝に対して運賃の割引を行ったことも、参宮旅行を盛んにさせる要因となった。

(13)昭和一六年に文部省から「団体旅行は特に支持するものの外、当分の間之を中止又は延期すること」という通牒が出されたが、除外項目として①隣接府県への鍛錬を目的とする旅行、登山、演習　②隣接府県に於ける林間、臨海施設利用　③伊勢神宮参拝　が挙げられている。

(14)沿革誌によると、昭和二五年度は修学旅行隊が九月一九日に出発(帰着日は記録なし)、九月二二日に「六年児童大社旅行」とあり、「これは関西方面の旅行に参加しなかった児童にPTAが補助して行く」との附記がある。不参加児童の旅行については、二六~二七年度は美保関、二八~二九年度は記録がなく、三〇年度は松江、三一年度は美保関が目的地である。

(15)現在、本州・四国間は瀬戸大橋等の本四連絡橋によって陸路での往来が可能になっているが、以前は海上輸送に頼らざるを得なかった。紫雲丸の事故は、本四連絡橋の建設を進めるきっかけになったと言われている。

（16）広島ナタリーは平成八年に、呉ポートピアランドは平成一〇年に、倉敷チボリ公園は平成二〇年にそれぞれ閉園している。

（17）令和五（二〇二三）年度には、新型コロナウイルス感染症の五類移行を受けて広島方面への修学旅行を再開した。

（18）下田光造は現在の鳥取市河原町出身。九州帝国大学医学部長として米子医学専門学校の設立に尽力し、同校の校長、米子医科大学学長、鳥取大学学長を務めた。

（19）『健康優良児とその時代　～健康というメディア・イベント』による。

参考資料・文献

『義方小学校沿革誌』
『義方教育六十年史』１９３４年　松田 哲　米子市義方尋常小学校 発行
『義方教育七十周年誌』１９４４年　嘉賀 廣　米子市義方国民学校 発行
『義方教育八十周年記念史』１９５４年　湊口賢二　米子市立義方小学校 発行
『義方教育九十周年記念誌』１９６４年　山本二郎　米子市立義方小学校 発行
『創立百周年記念誌　義方校』１９７４年　義方校創立百周年記念事業運営委員会・米子市立義方小学校 編集・発行
『義方教育百十周年記念誌』１９８３年　義方校百十周年記念誌編集委員会・米子市立義方小学校 編集　義方校百十周年記念事業運営委員会・米子市立義方小学校 発行
『米子市初等教育史』１９８２年　米子市教育委員会・米子市小学校長会　米子市小学校教育研究会 編
『鳥取県教育史』１９５７年　鳥取県教育史編纂委員会 編　鳥取県教育委員会 出版
『鳥取市教育百年史』１９７４年　鳥取市教育委員会 編
『文部科学省ホームページ』「学制百年史」
https://www.mext.go.jp/b_menu/hakusho/html/others/detail/1317552.htm
『新修 米子市史　第二巻　通史編近世』２００４年　米子市史編さん協議会 編集　米子市 発行
『新修 米子市史　第三巻　通史編近代』２００７年　米子市史編さん協議会 編集　米子市 発行
『新修 米子市史　第十二巻　資料編 絵図・地図』（改訂版）２００４年　米子市史編さん協議会 編集　米子市 発行
『米子市三十周年史』１９５９年　米子市役所 編集・発行

『日本人をつくった教育　寺子屋・私塾・藩校』２０００年　沖田行司　大巧社
『日本国民をつくった教育　―寺子屋からＧＨＱの占領教育政策まで―』２０１７年　沖田行司　ミネルヴァ書房
『鳥取県教育百年誌余話　上巻』１９７６年　篠村昭二　県政新聞社
『鳥取県教育百年誌余話　中巻』１９８０年　篠村昭二　学兎社
『鳥取県教育百年誌余話　下巻』１９８１年　篠村昭二　学兎社
『創立三十周年記念誌みのかや』２００１年　米子市立箕蚊屋小学校創立三十周年記念事業
『角川日本地名大事典31 鳥取県』１９８２年　「角川日本地名大事典」編纂委員会 竹内理三編　角川書店
『鳥取師範物語　上下巻』１９９２年　篠村昭二　富士書店
『ビギナーズ・クラシックス 中国の古典 春秋左氏伝』２０１２年　安本　博　角川文庫 ＫＡＤＯＫＡＷＡ
『中国の古典名著総解説』１９８１年　自由国民社
『岩波文庫　春秋左氏伝　上巻』１９８８年　小倉芳彦訳　岩波書店
『ワイド版 岩波文庫　老子』２０１２年　峰屋邦夫訳注　岩波書店
『明道創立百周年記念誌　明道』１９７４年　米子市立明道小学校
『明道記念誌～明道小学校創立百二十周年記念』１９９４年　創立百二十周年記念事業実行委員会 編
『伯耆文化研究　第６号』２００４年　伯耆文化研究会
『地域教材シリーズ２　激動の時代を生きた鳥取藩士』１９９２年　羽田成夫・羽田康枝
『遷喬小学～創立百周年記念誌～』１９７２年　鳥取市立遷喬小学校創立百年誌編集委員会 編
『遷喬地区の歴史・文化を訪ねて』２００９年　遷喬地区まちづくり活性化事業推進協議会 編
『創立百周年記念誌』２０００年　鳥取県立米子東高等学校
『日本海新聞』昭和28年６月25日号

『日本海新聞』昭和28年6月27日号
『日本海新聞』昭和28年7月4日号
『米子市ホームページ』https://www.city.yonago.lg.jp/33107.htm
『米子・境港・西伯・日野　ふるさと大百科』２００８年　近藤滋　郷土出版社
『日本海新聞』平成21年7月31日号
『長門屋喜平展資料』２００５年　長田茶店
『萩の人物データベース』https://sites.google.com/site/hagijinbutsu/list/25
『島根県ホームページ』
https://www.pref.shimane.lg.jp/admin/pref/takeshima/web-takeshima/takeshima04/takeshima04-1/takeshima04-o.html
『鳥取県大百科事典』１９８４年　新日本海新聞社鳥取県大百科事典編集委員会 編　新日本海新聞社発行　該当記事著者 福永正爾
『山口県人づくり財団ホームページ』http://heisei-shokasonjuku.jp/senjindb/sugimagoshichiro/
『幕末維新人名事典』１９９４年　安田昭男・宮崎十三八　新人物往来社
『ヨーロッパの紋章、日本の紋章』１９８２年　森譲　日本放送出版協会
『日本の紋章』１９６５年　伊藤幸作 編　ダヴィッド社
『校歌の誕生』２０２０年　須田珠生　人文書院
『歌う国民　唱歌、校歌、うたごえ』２０１０年　渡辺裕　中公新書　中央公論新社
『お茶の水女子大学百年史』１９８４年　「お茶の水女子大学百年史」刊行委員会
『アジア学叢書３６２　鮮満を視る』２０２２年　東京市教育会・東京府青年指導者視察団・福岡県教育会鮮満視察団
大空出版

『学校は軍隊に似ている』２００６年　新谷恭明　㈳福岡人権研究所　海鳥社
『わらべ館ホームページ』https://warabe.or.jp/floor-guide-sum/1f-musicians-from-tottori/
『全国修学旅行研究協会公式サイト　修学旅行ドットコム』http://shugakuryoko.com/museum_2.html
『日本修学旅行協会公式サイト』https://jstb.or.jp/pages/15/
『成徳～創立百周年記念誌』１９７３年　倉吉市立成徳小学校創立百周年誌編集委員会 編
『日本の教育課題 第5巻 学校行事を見直す』２００２年　佐藤秀夫　東京法令出版
『少年団の歴史　戦前のボーイスカウト・学校少年団』１９９６年　上平泰博共著　萌文社
『海洋少年団の組織と活動―戦前の社会教育実践史―』２０１１年　圓入智仁　九州大学出版会
『少年団日本連盟諸規定　昭和十年度版』
『米子市義方尋常小学校 郷土教育資料』１９３６年
『ナチスの戦争』２０１５年　リチャード・ベッセル（大山　晶　訳）中公新書　中央公論新社
『天皇の肖像』１９８８年　多木浩二　岩波文庫　岩波書店
『御真影と学校　「奉護」の変容』２０１４年　小野雅章　東京大学出版会
『県史だより72号』２０１２年　鳥取県立公文書館
『米子のふるさと散歩』１９９８年　米子市立山陰歴史館運営委員会　米子錦ライオンズクラブ
『広報よなご２０１２年11月号』　米子市役所
『二宮金次郎とは何だったのか　～臣民の手本から民主主義者へ』２０１８年　小澤祥司　西日本出版社
『日本人の肖像　二宮金次郎』２０１０年　岩井茂樹　角川学芸出版
『報徳博物館ホームページ』https://www.hotoku.or.jp/sontoku/
『米子医学専門学校設立経緯』鳥取県立博物館研究報告 第58号　２０２１年　豊島良太

『「日本海新聞」米子医学専門学校から鳥取大学医学部までの関連記事』鳥取県立博物館研究報告　第58号　２０２１年
豊島良太
『鳥取大学三十年史』１９８３年　鳥取大学創立30周年記念史編集・刊行委員会 編
『飛鳥　目で見る鳥取大学医学部五十年の歩み』１９９５年　鳥取大学医学部・鳥取大学医学部同窓会 編
『朝日新聞鳥取版』昭和19年12月20日号
『日本海新聞』昭和19年12月21日号
『日本海新聞』昭和19年12月27日号
『鳥取大学医学部ホームページ』https://www.med.tottori-u.ac.jp/introduction/history.html
『米航養史』１９９４年　米子航友会
『鳥取県の戦災記録』１９８２年　鳥取県の戦災を記録する会
『米子飛行場工事写真』１９３７年　鳥取県 編・出版
『山陰日日新聞』昭和29年6月22日号
『日本海新聞』昭和40年4月8日号
『鳥取大学医学部創立廿周年記念誌』１９６８年　高木篤 編　鳥取大学医学部創立二十周年記念会 出版
『健康の保持増進のあり方』１９８４年　村江通之　村江通之 出版
『子どもたちへの医学』１９６４年　村江通之　たたら書房
『健康優良児とその時代　健康というメディア・イベント』２００８年　高井正吏・古賀 篤　青弓社

おわりに

冒頭で書いたように、本書は筆者が義方校の校長時代に同僚に向けて書き続けた「校長室だより」の記事の中から、「義方校の歴史」として連載した内容を再構成して一冊の本にまとめたものです。ある同僚の先生が何気なく言ったであろう「このたよりを本にまとめてみたらどうですか？」という言葉に触発され、退職後に一念発起して本の制作作業に取り掛かりました。しかし、実際に本を作るとなると、それは想像以上に大変な作業でしたが、とても楽しい作業でもありました。

校長当時に書いた記事は、学校沿革誌や周年誌の記録から抜粋する形で書いたものが多く、その記事の正確性についてはあまり精査せずに伝えていました。しかし、本にまとめる上で、記事に書かれている事実の裏付けを取ったり、出来事の背景などを調べたりするうちに次々と新たな発見があり、久々に探求的な学習の楽しさを実感することができました。

元々書き溜めていた記事は、校舎移転に関するもの、学校の創立の経緯に関するもの、校名や校歌に関するものなどを思いつくままに書いていたので、本にまとめるにあたっては整理分類する必要がありました。そこで、学校創立時から明治、大正、昭和（戦前）、昭和（戦後）の区切りで、義方校に起こった出来事を時系列によってまとめ直しました。

元号による区分が適切だったかはわかりませんが、学校の創立から寺町・西町校舎建築という義方校の黎明期、校訓・校歌制定という現在の義方教育にもつながる教育の柱が築かれた興隆期、戦争による校舎接収と校舎移転を強いられた動乱期、新校舎建築に向けて地域を挙げての運動が起こった復興期が、その時代区分に相当するものと考えて、本書の章立てとしました。

本書は学校沿革誌をもとにして義方校の歴史の深掘りを試みたものです。百年以上前の学校の出来事を知ることができるのは、代々の校長によってその時代の出来事が記録され、大切に保管されてきたからであり、現在の沿革誌の記事は、十年後、五十年後、百年後の学校で教育に携わる後輩たちに、今の教育を知ってもらう手掛かりとなります。学校の沿革を綴るということは、そのような意義があるということを、本書の作成作業を行う中で改めて認識しました。

筆者の教員生活最終年度は、新型コロナウイルス感染症の流行により、一五〇年の学校教育の歴史の中でも特筆される期間でした。突然の全国一斉休校から始まり、卒業生とその保護者、職員のみで挙行した卒業式、何度も日程変更を迫られた上に宿泊も許されなかった修学旅行、保護者の観覧を制限して半日で行った運動会など、それまでとは全く異なる教育活動を余儀なくされた一年でした。筆者は、後年同様の災難が起こった時に何らかの参考になればとの思いで、校長の最後の仕事として、この動乱の一年間の出来事をできるだけ克明に学校沿革誌に記録しました。

ここまで繰り返し述べてきたように、筆者は学校沿革誌を重要な歴史的資料としてとらえています。しかし、その保存管理については個々の学校に任されているため、災害に遭遇した際には消失あるいは灰燼と化してしまう可能性もあります。そのようなことを未然に防ぐためにも、デジタル化して保存するなどの対策が急務であると常々思っていましたが、今回の書籍化作業をする中で、その思いは一層強まりました。学校沿革誌を含む学校史料の保全については声を大にして提唱したいと思います。

おわりに

本書の作成にあたっては、構想の段階で福岡地方史研究会の石瀧豊美会長には貴重なご助言と資料のご提供をいただきました。また、米子市立山陰歴史館の小原貴樹館長、米子市史編纂事務局の大原俊夫事務局長、義方校の畑田茂夫元校長には、原稿作成に関して貴重なご意見をいただきました。その他、山陰歴史館の山本恭子副館長、義方校の藤谷雄一校長、米子市立図書館の方々には、資料収集や資料検索について大変お世話になりました。山陰労災病院の豊嶋良太院長には貴重な資料をご提供いただきました。その他、本書で取り上げた義方校の発展にご尽力いただいた方々のご家族等関係者のみなさまには、記事掲載についてご快諾いただきました。そして、学校勤務時代に「校長室だより」を愛読していただいた先生方には、当時いろいろなご意見やご感想をいただき、本書作成の原動力となりました。

末尾になりましたが、以上の方々をはじめ、本書作成に関係していただいたすべてのみなさまに深く感謝し、心よりお礼申し上げます。ありがとうございました。

【著者略歴】
1960年生まれ
鳥取大学教育学部卒業
米子市・日野郡小学校教諭
米子市教育委員会同和教育指導主事
米子市人権政策課人権学習係長
米子市小学校教頭を経て
米子市立箕蚊屋小学校長
米子市立義方小学校長
現在　米子市教育支援センター副センター長

しゃちほこのある学校
～義方校150年の学校文化史～

2024年1月31日　発行

著　者　神庭　誠
発　売　今井出版
印　刷　今井印刷株式会社
製　本　日宝綜合製本株式会社

ISBN 978-4-86611-373-9